La Biblia sobre todo ™

Entonces dijo Jesús… Si vosotros
permaneciereis en mi Palabra,
seréis verdaderamente mis
discípulos; y conoceréis la verdad,
y la verdad os hará libres.

Juan 8:31-32

Euro Team Outreach

La Biblia sobre todo - Volumen 5: Lecciones 14-17

Autores: Joshua Steele, Kelsie Steele, and Teresa Beal

Se han tomado todas las citas Bíblicas de la Biblia Reina Valera 1960

Fecha de publicación: Julio 2024
Impresión del ISBN: 978-1-61644-145-6
ISBN del libro electrónico: 978-1-61644-166-1
ISBN del PDF electrónico: 978-1-61644-167-8

1. Génesis; 2. Abraham; 3.Isaac; 4 Estudio Bíblico; 5. Jacob; 6. Israel
I. Steele, Joshua; Steele, Kelsie; Beal, Teresa
II. La Biblia sobre todo - Volumen 5: Lecciones 14-17

La Biblia sobre todo - Volumen 5: Lecciones 14-17 se puede adquirir por cantidad a precio especial para promociones de venta, programas colectivos, regalos, recaudación de fondos, club de lectores o para fines educativos para iglesias, congregaciones, escuelas y universidades. Para más información, contactar a Mel Cohen: mel@euroteamoutreach.org
1000 Pearl Rd
Pleasantville, TN 37033
931-593-2484

Editores: Nathan Day, Katelin Day, Jessie Beal
Diseño de la portada: Joshua Steele
Diseño del interior: Joshua Steele
Asesor editorial: Mel Cohen de Inspired Authors Press LLC
www.inspiredauthorspress.com

Impreso en India

Acerca del folleto de preguntas y respuestas

Al finalizar cada lección de *La Biblia sobre todo*, se le pedirá que conteste una serie de preguntas en un folleto separado de preguntas y respuestas. Este folleto, junto con otro material suplementario están disponibles para bajarse gratis de nuestra página

www.getbiblefirst.com/downloads

Cómo ser tutor de *La Biblia sobre todo*

La Biblia sobre todo fue diseñado como un programa para evangelización. Además de las lecciones, hemos creado una variedad de material de entrenamiento y recursos descargables destinados a ayudarle a poner en marcha su propio ministerio usando el programa de *La Biblia sobre todo*.

Para más información de cómo ser tutor de *La Biblia sobre todo*, visítenos en

www.getbiblefirst.com/training

Lea detenidamente cada lección.

Tome nota de las preguntas que se le presenten y continúe leyendo. Use su Biblia Reina Valera para consultar los versículos dados. Es muy importante.

Al final de cada lección encontrará un cuestionario. Favor de completarlo.

La Biblia sobre todo™

Isaac

Cómo completar esta lección

1. Lea la lección.
*Mientras lea, asegúrese de anotar cualquier comentario o preguntas que tenga. Tenga su Biblia Reina Valera a la mano para buscar pasajes a medida que avance. **Es muy importante.***

2. Conteste las preguntas.
Las encontrará en la sección de Preguntas y Respuestas al final de cada lección. Le recomendamos que escriba sus respuestas en el folleto* correspondiente de preguntas y respuestas que puede descargar de nuestra página.

3. Verifique su trabajo.
Una vez que haya completado el folleto de preguntas y respuestas, verifique sus respuestas con las que se encuentran en la guía de respuestas* para esta lección.

¿Está estudiando con un tutor?
Si un tutor de la Biblia sobre todo le dio este libro, asegúrese de informarle una vez que complete esta lección. De esta manera, usted puede compartir su trabajo de la sección de preguntas y respuestas y comentar sobre lo que ha aprendido antes de continuar a la siguiente lección.

*Disponible en www.getbiblefirst.com/es/downloads

Resumen de la lección

- El nacimiento de Isaac
- El destierro de Ismael
- La introducción a los tipos en las Escrituras
- Dios prueba la fe de Abraham
- La comparación de la Escritura con la Escritura
- El sacrificio sustitutivo

Introducción

Abraham había esperado muchos años para que Dios cumpliera Su promesa de un hijo por medio de Sara. En el umbral de sus cien años ahora su paciencia estaba a punto de recibir recompensa. En Génesis 17:21 Dios le habló a Abraham y le dijo: *"Mas yo estableceré mi pacto con Isaac, el que Sara te dará a luz por este tiempo el año que viene"*. Aunque Abraham tendría muchos hijos después, la Biblia especifica que Isaac fue el cumplimiento de la promesa de Dios a Abraham y que a través del linaje de Isaac, Dios bendeciría a todas las naciones del mundo.

Aunque Ismael ciertamente era hijo legítimo de Abraham, era un niño ordinario cuyo nacimiento surgió como resultado de los esfuerzos del hombre. Pero el nacimiento de Isaac fue un milagro y fue posible solo por la intervención directa de Dios. En el momento de la concepción de Isaac, no solo Sara estaba mucho más allá de la edad de la fertilidad, pero Abraham mismo ya no podía producir descendencia (Ver Romanos 4:19). Dios se esperó hasta que no hubo ninguna manera posible de que Su promesa se cumpliera por medio de esfuerzos humanos y cuando Su tiempo hubo llegado, Él proporcionó al heredero de Su elección, el hijo de la promesa que continuaría la línea del Mesías.

Lectura preliminar — Antes de comenzar esta parte de la lección, favor de leer **Génesis 21** en su Biblia.

Un hijo por medio de Sara

"Visitó Jehová a Sara, como había dicho, e hizo Jehová con Sara como había hablado. Y Sara concibió y dio a Abraham un hijo en su vejez, en el tiempo que Dios le había dicho". (Génesis 21:1–2) Abraham llamó a su hijo Isaac que significa risa y lo circuncidó en el octavo día en obediencia al mandato de Dios. Sin duda alguna Sara estaba desbordando de alegría y dijo: *"Dios me ha hecho reír, y cualquiera que lo oyere, se reirá conmigo".* Anteriormente Sara se había reído por incredulidad, pero el cumplimiento de la promesa de Dios ahora trajo risa de gozo.

Good and Evil, No Greater Joy Ministries

Como se indicó anteriormente, de acuerdo a estándares científicos, el nacimiento de Isaac era una imposibilidad biológica. Con esto en mente, note la interesante descripción Bíblica de la concepción de Sara: *"Visitó Jehová a Sara..."* La palabra visitar se usa muchas veces en la Escritura para referirse a los asuntos de Dios con los hombres. En cada caso, cuando el Señor visita a una persona o a una nación, lo hace con un propósito que trae juicio, justificación, vida, prosperidad o algún otro evento específico. (Vea Éxodo 20:5, Rut 1:6, Salmos 65:9) En el caso de Sara, Dios vino a ella con el regalo de vida sobrenatural. Combinó la semilla infértil de un hombre anciano con el huevo de una mujer estéril y un niño fue concebido. De manera que la vida de Isaac fue verdaderamente un milagro.

El destierro de Agar

Mientras Isaac crecía, Abraham y Sara no ocultaron lo importante que era para la familia. Grandes fiestas y pláticas del "heredero de la promesa" pronto surtieron su efecto. Ahora en su adolescencia, Ismael comenzó a sentir resentimiento hacia Isaac. Antes del nacimiento de Isaac, era Ismael quien se suponía ser el hijo prometido, pero ahora temía ser desplazado. La Biblia registra que se burlaba abiertamente de su hermano menor Isaac. Esto enojó a Sara quien inmediatamente exigió que Abraham desterrara a Agar junto con su hijo. *"Y vio Sara que el hijo de Agar la egipcia, el cual ésta le había dado a luz a Abraham, se burlaba de su hijo Isaac. Por tanto, dijo a Abraham: Echa a esta sierva y a su hijo, porque el hijo de esta sierva no ha de heredar con Isaac mi hijo".* (Génesis 21:9–10)

Good and Evil, No Greater Joy Ministries

Abraham, quien amaba a sus dos hijos se entristeció por este desafortunado conflicto en su familia. Sin embargo, los errores del pasado no se podían revertir. Dios vino a Abraham y dijo: *"No te parezca grave a causa del muchacho y de tu sierva; en todo lo que te dijere Sara, oye su voz, porque en Isaac te será llamada descendencia".* (Génesis 21:12) Al día siguiente, Abraham reunió las provisiones necesarias y envió a Agar e Ismael al desierto.

Good and Evil, No Greater Joy Ministries

Aunque Ismael era un heredero legítimo en la familia de Abraham, no era el designio de Dios. A pesar de ello, Dios le aseguró a Abraham: *"Y también del hijo de la sierva haré una nación, porque es tu descendiente".* (Génesis 21:13)

Los dos pactos

Hay muchas cosas a través de las Escrituras que tienen más significado que el papel que juegan en solo una historia en particular. Dios ha dado ejemplos específicos en el Antiguo Testamento que proporcionan una vista preliminar de personas, eventos o conceptos en el Nuevo Testamento. Estas ilustraciones se llaman tipos y su propósito es ayudarnos a entender mejor las verdades que tipifican del Nuevo Testamento.

Por ejemplo, aunque actores claves en el drama en cuestión, Isaac e Ismael representan más que solamente los hijos de Abraham; ambos tipifican una enseñanza más profunda que se encuentra en el Nuevo Testamento. En sus epístolas a los gálatas, Pablo escribe que Isaac e Ismael son un tipo de dos pactos. *"Porque está escrito que Abraham tuvo dos hijos; uno de la esclava, el otro de la libre. Pero el de la esclava [Ismael] nació según la carne; mas el de la libre [Isaac], por la promesa. Lo cual es una alegoría, pues estas mujeres son los dos pactos..." (Gálatas 4:22–24)*

Entonces, ¿cuáles son estos dos pactos y qué significan? En la Biblia, el Antiguo Pacto se refiere a los hombres que buscan la exoneración por medio de guardar los mandamientos de Dios. El Nuevo Pacto se refiere a la salvación gratuita que Dios proporciona por medio de la obra terminada de Jesucristo. Ismael, quien nació por los esfuerzos del hombre, es el retrato de una persona que está esclavizada al pecado quien trata en vano de ganar el favor de Dios por medio de sus propias obras. Nacido por el poder de Dios, Isaac, el prometido heredero del linaje de Abraham, es una ilustración del Nuevo Pacto en el que solamente Dios salva a un individuo y lo convierte en un coheredero con Cristo. Considere las siguientes comparaciones::

TIPO DEL ANTIGUO PACTO	ANTI TIPO DEL NUEVO PACTO	ESCRITURA
Ismael	El Antiguo Pacto	*Gálatas 4:24–25*
Nació por el esfuerzo humano	Justificación por obras	*Romanos 3:19–20*
Nació en esclavitud	Esclavitud al pecado	*Romanos 7:19–23; Gálatas 4:25*
Desterrado	Rechazado por ser insuficiente	*Hebreos 8:7–8*
"Mas ¿qué dice la Escritura? Echa fuera a la esclava y a su hijo, porque no heredará el hijo de la esclava con el hijo de la libre". (Gálatas 4:30)		

TIPO DEL ANTIGUO PACTO	ANTI TIPO DEL NUEVO PACTO	ESCRITURA
Isaac	El Nuevo Pacto	*Gálatas 4:28; Hebreos 10:16–17*
Nació por el poder de Dios	Poder de Dios para salvación	*Romanos 1:16, 8:1–4*
Nació libre	Libertad en Cristo	*Gálatas 5:1, 4:26*
Heredero de las promesas	Coheredero con Cristo	*Romanos 8:16–17*
"De manera, hermanos, que no somos hijos de la esclava, sino de la libre". (Gálatas 4:31)		

A pesar de que Dios ha proporcionado la salvación gratuitamente por medio de la obra terminada de Jesucristo (el Nuevo Pacto), hay muchos que insisten en buscar la justificación a través de las obras de la ley (el Antiguo Pacto). Se aferran a Ismael quien fue rechazado en lugar de aceptar a Isaac, el heredero prometido.

Es evidente que tales historias del Antiguo Testamento como la narración de Isaac e Ismael, revelan mucho más de lo que se ve a simple vista. Estos relatos tienen el propósito de introducirnos a la culminación del plan más grande que Dios lleva a su término en el Nuevo Testamento.

Concepto clave

Dios ha dado ejemplos específicos en el Antiguo Testamento que proporcionan una vista preliminar de personas, eventos o conceptos en el Nuevo Testamento. Estas ilustraciones se llaman tipos y su propósito es ayudarnos a entender mejor las verdades que tipifican del Nuevo Testamento.

Dios Rescata a Agar e Ismael

Mientras Agar e Ismael vagaban por el desierto de Berseba, su reserva de agua comenzó a disminuir. Pronto se acabó completamente. Sabiendo que la muerte era ahora inminente para ambos, Agar se separó de Ismael. Como madre, no podía soportar presenciar sus últimas horas de sufrimiento y lo dejó al ver que no tenía ningún poder para evitar lo inevitable. Cuando había puesto cierta distancia entre ella y el muchacho, se sentó y lloró.

Ismael también lloró en voz alta al saber que su fin estaba cerca. *"Y oyó Dios la voz del muchacho; y el ángel de Dios llamó a Agar desde el cielo, y le dijo: ¿Qué tienes, Agar? No temas; porque Dios ha oído la voz del muchacho en donde está".* (*Génesis 21:17*) A pesar de que Ismael no era la elección de Dios para continuar la línea del Mesías, aún así era hijo de Abraham y por lo tanto era heredero de las bendiciones de su padre. Por eso Dios intervino y salvó su vida. *"Levántate, alza al muchacho, y sostenlo con tu mano, porque yo haré de él una gran nación. Entonces Dios le abrió los ojos, y vio una fuente de agua; y fue y llenó el odre de agua, y dio de beber al muchacho. Y Dios estaba con el muchacho; y creció, y habitó en el desierto, y fue tirador de arco".* (*Génesis 21:18–20*)

¿Sabía usted?

Berseba fue habitada al principio por cavernícolas quienes criaban ganado y fabricaban herramientas metálicas. A principios de 2000 a.C., Abraham e Isaac se establecieron en el área. Allí cavaron muchos pozos para sus rebaños y formaron una alianza con Abimelec, el rey de los filisteos. También Agar e Ismael vagaron en este desierto accidentado y hostil. Hoy en día, Berseba es una ciudad situada en el desierto del Negev de Israel. Los cañones ocultos del Negev, extensiones inmensas, cielos azules y claros y promontorios austeros permanecen prácticamente desconocidos a la mayoría de los viajeros.

Abraham hace un pacto con Abimelec

Para entonces, la bendición de Dios sobre Abraham había llegado a ser de conocimiento común en la región. Debido a esto, Abimelec vino a Abraham buscando una alianza y le pidió que prometiera bondad a su familia en los años venideros. *"Aconteció en aquel mismo tiempo que habló Abimelec, y Ficol príncipe de su ejército, a Abraham, diciendo: Dios está contigo en todo cuanto haces. Ahora, pues, júrame aquí por Dios, que no faltarás a mí, ni a mi hijo ni a mi nieto, sino que conforme a la bondad que yo hice contigo, harás tú conmigo, y con la tierra en donde has morado". (Génesis 21:22–23)* Después de resolver una disputa con Abimelec con respecto a un pozo de agua, Abraham aceptó la alianza y los dos hombres hicieron un pacto.

Después de este evento, Abraham plantó una arboleda e invocó el nombre del Señor. Esta es la primera vez que se menciona una arboleda en la Escritura. Todos los demás usos indican adoración de ídolos y Dios prohíbe específicamente hasta plantar arboledas cerca de Sus altares. (Ver Deuteronomio 16:21) Lo más probable es que el hecho de que Abraham habitó en la tierra de Canaán, donde se usaban arboledas en la adoración de dioses paganos había influenciado las prácticas de adoración de Abraham. Sin embargo, cuando la Biblia habla de la arboleda de Abraham, en lugar de usar la palabra hebrea *asherah* como en los ejemplos de bosques paganos, la Escritura usa la palabra hebrea *eshowl*, que significa tamarisco. Esto puede indicar que Abraham plantó simplemente un árbol de tamarisco para marcar el sitio de su adoración. De cualquier manera, parece que lo hizo inocentemente y adoraba solo al Dios del cielo.

Característica histórica

La práctica de la adoración de árboles se remonta a muchas civilizaciones antiguas. Las culturas del Medio Oriente que rodeaban el área donde vivía Abraham, estaban especialmente empapadas en esta forma de idolatría. Asherah, en hebreo se refiere a una diosa pagana que se conoce también como Astarté por los cananeos e Ishtar por los asirios y babilonios. Estas culturas hacían ídolos de troncos tallados con imágenes lascivas y representaciones de su diosa y realizaban rituales paganos en altares rodeados por estos enormes postes. La Biblia les llama a estas arenas circulares "arboledas". Más tarde, cuando Israel intentó combinar la misma idolatría pagana y los ritos libertinos con la adoración de Jehová, se convirtió en objeto de prohibición Divina.

- *"Derribaréis sus altares, y quebraréis sus estatuas, y cortaréis sus imágenes de Asera". (Éxodo 34:13)*

- *"Derribaréis sus altares, y quebraréis sus estatuas, y sus imágenes de Asera consumiréis con fuego; y destruiréis las esculturas de sus dioses, y raeréis su nombre de aquel lugar". (Deuteronomio 12:3)*

- *"No plantarás ningún árbol para Asera cerca del altar de Jehová tu Dios, que tú te habrás hecho..."(Deuteronomio 16:21)*

Lectura preliminar — Antes de comenzar esta parte de la lección, favor de leer **Génesis 22** en su Biblia.

Dios prueba la fe de Abraham

Después de largos años esperando y confiando, Abraham ahora tenía un hijo propio que continuaría el linaje familiar. La fe había llegado a ser realidad y Abraham y Sara se regocijaban en el maravilloso cumplimiento de la promesa de Dios.

Entonces, sin advertencia alguna, Dios vino a Abraham con un mandato muy alarmante: *"Aconteció después de estas cosas, que probó Dios a Abraham, y, y le dijo: Abraham. Y él respondió: Heme aquí. Y dijo: Toma ahora tu hijo, tu único, Isaac, a quien amas y vete a tierra de Moriá, y ofrécelo allí en holocausto sobre uno de los montes que yo te diré". (Génesis 22:1-2)*

¿Qué tipo de prueba podría ser esta? De seguro Dios no le quitaría al hijo que había prometido por tantos años. Aunque Génesis no revela lo que Abraham pensó cuando oyó este serio mandato de sacrificar a su hijo, es razonable suponer que como padre, estaba muy angustiado. Tal vez hasta le ocultó el mandato a Sara, temiendo su resistencia.

Cualquiera que hayan sido sus reservas iniciales, Abraham obedeció a Dios inmediatamente. *"Y Abraham se levantó muy de mañana, y enalbardó su asno, y tomó consigo dos siervos suyos, y a Isaac su hijo; y cortó leña para el holocausto, y se levantó, y fue al lugar que Dios le dijo". (Génesis 22:3)* ¡Qué horrible debe haber sido para Abraham tan siquiera considerar la idea de matar a su propio hijo! La mayoría de los hombres habrían resistido tal mandato o habrían encontrado razones para no llevarlo a cabo. Pero Abraham tenía una ventaja que pocos hombres tienen en este mundo: a lo largo de muchos años de obediencia, había llegado a conocer a Dios a nivel personal. Dios le había enseñado a Abraham a creer primero y a entender después. Por esta razón, aunque la prueba le parecía insoportable, Abraham dio un paso de fe, pues sabía que Dios es justo, que Dios es misericordioso y que Dios siempre cumple Su palabra.

Por tres días Abraham e Isaac viajaron con sus criados al Monte Moriá. Cuando llegaron al pie de la montaña, Abraham reunió el material necesario para la ofrenda. Tomó el cuchillo y una antorcha y le dio la leña a Isaac. Entonces, dejando atrás a los sirvientes, el padre y el hijo comenzaron juntos a subir la montaña.

Isaac tenía experiencia previa de ofrecer sacrificios con su padre e inmediatamente notó que algo faltaba. *"Entonces habló Isaac a Abraham su padre, y dijo: Padre mío. Y él respondió: Heme aquí, mi hijo. Y él dijo: He aquí el fuego y la leña; mas ¿dónde está el cordero para el holocausto?" (Génesis 22:7)* La respuesta de Abraham fue profética y nos da una idea de la fe que tenía en Dios, aun en esta prueba tan terrible. *"Y respondió Abraham: Dios se proveerá de cordero para el holocausto, hijo mío. E iban juntos". (Génesis 22:8)*

Característica histórica

Moriá significa *ordenada o elegida por Jehová*. La montaña es en realidad un cumbre alargada en la intersección de los valles Cedrón y Hinnom donde se encuentra la moderna Jerusalén. Se cree que esta serie de picos ha sido habitada desde 4.000 a.C. En aproximadamente 1,850 a.C., los cananeos establecieron un asentamiento allí que se llama Jebús. El rey David capturó esta ciudad alrededor de 1,000 a.C. y le cambió el nombre a Jerusalén o Ciudad de David.

Históricamente, Dios eligió específicamente esta montaña como el lugar para sacrificios importantes, comenzando con el sacrificio de Isaac por Abraham. Años más tarde, el ángel del Señor ordenó al rey David que levantara un altar en el mismo lugar para la expiación del pueblo de Israel. El rey Salomón el hijo de David, también construyó el Primer Templo en el Monte Moriá. El templo de Salomón fue destruido por el rey Nabucodonosor II de Babilonia en 586 a.C. Los historiadores nos dicen que el Segundo Templo se inició en el Monte Moriá en el reinado de Ciro, alrededor de 538 a.C. y que se terminó 16 años después.

En 19 a. C., Herodes el Grande amplió significativamente el Monte del Templo y rodeó el Segundo Templo intacto con una gran nueva estructura donde continuó la adoración judía y los rituales del templo. Jesús enseñó en este templo y predijo su destrucción en Marcos 13:2. Setenta años más tarde, Tito el hijo del emperador romano Vespasiano, destruyó completamente el Templo como resultado de la primera guerra judío-romana.

Salvación por sustituto

Al llegar a la montaña que Dios le había mostrado, Abraham comenzó los preparativos para sacrificar a su hijo. Los mismos procedimientos que había realizado rutinariamente con animales son los que ahora usó con su propio hijo amado. Erigió el altar, ató la leña, preparó el cuchillo y finalmente ató a Isaac y lo colocó sobre las piedras del altar. Y Abraham no titubeó. Aparentemente Isaac también se sometió a su voluntad como la voluntad de Dios, ya que la Biblia no da ninguna indicación de que luchó o trató de escapar.

Finalmente llegó el momento crucial. Sin vacilar, Abraham levantó el cuchillo con la intención de matar a su hijo. En su corazón se había sometido a lo inconcebible. La acción no dejó ninguna duda.

De repente, en el último momento posible, Abraham oyó una voz que le llamaba. *"Entonces el ángel de Jehová le dio voces desde el cielo, y dijo: Abraham, Abraham. Y él respondió: Heme aquí. Y dijo: No extiendas tu mano sobre el muchacho, ni le hagas nada; porque ya conozco que temes a Dios, por cuanto no me rehusaste tu hijo, tu único".* (Génesis 22:11–12) Dios había probado la fe de Abraham y la encontro ser genuina.

"Entonces alzó Abraham sus ojos y miró, y he aquí a sus espaldas un carnero trabado en un zarzal por sus cuernos; y fue Abraham y tomó el carnero, y lo ofreció en holocausto en lugar de su hijo". (Génesis 22:13) Es significativo que Dios no nada más canceló el sacrificio. A fin de salvar la vida de Isaac, Dios le proporcionó

un sustituto. El sacrificio que Dios había ordenado aquel día se llevó a cabo efectivamente, pero fue la sangre del carnero — no la sangre de Isaac — que fue derramada en el altar. Este acontecimiento proporciona una hermosa imagen del Hijo de Dios que se convirtió en nuestro sustituto cuando murió en la cruz, derramando Su propia sangre por nuestros pecados. *"Porque Cristo, cuando aún éramos débiles, a su tiempo murió por los impíos. Ciertamente, apenas morirá alguno por un justo; con todo, pudiera ser que alguno osara morir por el bueno. Mas Dios muestra su amor para con nosotros, en que siendo aún pecadores, Cristo murió por nosotros".* (Romanos 5:6–8)

Concepto clave

EL SACRIFICIO SUSTITUTIVO ES CUANDO ALGUIEN DA LA VIDA POR ALGUIEN MÁS.

La comparación de la Escritura con la Escritura

Una de las mejores maneras de estudiar la Biblia es comparar pasajes paralelos. Mediante la investigación de palabras clave con la ayuda de un programa de computadora o una concordancia[1], se pueden identificar listas completas de todos los versos que hablan del mismo tema. Este método permite a la Biblia definir sus propios términos y evita el riesgo de tratar de adivinar el significado de pasajes difíciles.

Aunque el relato de Génesis no revela los pensamientos de Abraham con respecto al sacrificio de Isaac, lo hace otro pasaje de la Escritura. Hebreos 11 registra que Abraham se consoló con la certeza de que Dios era capaz de levantar a Isaac de entre los muertos para cumplir Su promesa. *"Por la fe Abraham, cuando fue probado, ofreció a Isaac; y el que había recibido las promesas ofrecía su unigénito, habiéndosele dicho: En Isaac te será llamada descendencia;* **pensando que Dios es poderoso para levantar aun de entre los muertos..."** *(Hebreos 11:17–19)*

Otro ejemplo de información valiosa que se obtiene al comparar pasajes paralelos de la Escritura se encuentra en Génesis 22:8. Abraham responde a la pregunta de su hijo con las palabras: *"Dios se proveerá un cordero".* A primera vista, este parece ser un caso en el que un padre evita dar una explicación difícil a su hijo. Pero una búsqueda bíblica sobre el tema de

---

1. Muchas Biblias incluyen una columna en el centro de cada página que proporciona referencias limitadas que se relacionan con versos en esa página..

los corderos y sacrificios revela un significado mucho más profundo. Compare Génesis 22:8 con Juan 1:29: *"El siguiente día vio Juan a Jesús que venía a él, y dijo: He aquí el Cordero de Dios, que quita el pecado del mundo"*. Así como Dios salvó la vida de Isaac al ofrecer un sacrificio sustituto, así mismo Jesucristo se convirtió en el Cordero que tomó nuestro lugar en la cruz. Efesios 5:2 dice: *"Y andad en amor, como también Cristo nos amó, y se entregó a sí mismo por nosotros, **ofrenda y sacrificio** a Dios en olor fragante"*.

Concepto clave

Una de las mejores maneras de estudiar la Biblia es comparar pasajes paralelos. La investigación de palabras clave permite a la Biblia definir sus propios términos.

Dios confirma de nuevo Sus promesas

Antes de que Abraham partiera del Monte Moriá, Dios confirmó Sus promesas; esta vez dio más bases para Su bendición: *"... por cuanto obedeciste a mi voz"*. *(Génesis 22:18)* Al examinar estas promesas, dos partes principales se hacen evidentes otra vez:

1. Abraham y sus descendientes serán bendecidos.

2. Todas las naciones de la tierra serán bendecidas por medio de Abraham.

Años más tarde, un Hijo de Abraham (Jesucristo) vendría al mundo como la Bendición para todas las naciones.

Conclusión

El relato de Abraham e Isaac es uno de los más destacados en toda la Biblia. Por primera vez, la Escritura presenta una clara ilustración del sacrificio sustitutivo. El carnero que Dios proporcionó para tomar el lugar de Isaac, es una representación de la muerte de Jesucristo en nuestro lugar. El profeta Isaías predijo el sacrificio de Cristo con estas palabras: *"Mas él **herido fue por nuestras rebeliones, molido por nuestros pecados**; el castigo de nuestra paz fue sobre él, y por su llaga fuimos nosotros curados. Todos nosotros nos descarriamos como ovejas, cada cual se apartó por su camino; **mas Jehová cargó en él el pecado de todos nosotros**. Angustiado él, y afligido, no abrió su boca; **como cordero fue llevado al matadero**; y como oveja delante de sus trasquiladores, enmudeció, y no abrió su boca".* (Isaías 53:5–7)

A lo largo de la historia, los pecadores se han separado de Dios por su propia rebelión. Como se dijo anteriormente, la paga del pecado — cualquier y todo pecado — es la muerte. (Vea Romanos 6:23) Debe haber derramamiento de sangre para poder expiar el pecado. (Vea Hebreos 9:22). Solo queda una pregunta: ¿la sangre de quién?

La ley exige venganza justa: la sangre del pecador como pago por su pecado. Pero hay otra voz que exige misericordia. Jesucristo ya ha derramado Su sangre en su lugar, querido lector y ha proporcionado la base legal para la salvación de su alma. Jesús es su sustituto. *"Mas Dios muestra su amor para con nosotros, en que siendo aún pecadores, **Cristo murió por nosotros**. Pues mucho más, estando ya justificados en su sangre, por él seremos salvos de la ira".* (Romanos 5:8–9)

"Sustitución, pues... significa esto: Que algo le sucedió a Cristo y porque le sucedió a Cristo, no es necesario que nos suceda a nosotros. Cristo murió por nuestros pecados; no necesitamos morir por ellos si aceptamos Su sacrificio".[2]

---

2. Williams Evans, The Great Doctrines of the Bible. [Las Grandes Doctrinas de la Biblia] Moody Press, Chicago, 1974

Antes de continuar con la siguiente lección, por favor responda todas las preguntas de la siguiente sección. Si lo prefiere, puede descargar un folleto imprimible y una guía de respuesta de nuestra página:

www.getbiblefirst.com/es/downloads

Q&A

1. ¿Qué significa el nombre Isaac?

    _____

2. Dé tres ejemplos de lo que trae Dios cuando visita a una persona o a una nación.

    1._____

    2._____

    3._____

3. Cuando Sara exigió que Agar e Ismael fueran desterrados, ¿qué prometió Dios a Abraham acerca de Ismael? (Vea Génesis 21:13)

    Que haría también una _____ de su

    hijo porque era su _____

4. ¿Cuál es el nombre de las ilustraciones específicas que nos da una vista preliminar de personas, eventos o conceptos en el Nuevo Testamento?

   _____

5. ¿Qué enseñanza más profunda del Nuevo Testamento tipifican Isaac e Ismael?

   _____

   _____

6. Complete la oración. El Antiguo Pacto (o Ismael) se refiere a los hombres que buscan la exoneración por medio de

   _____ los _____ de

   _____.

7. Complete la oración. El Nuevo Pacto (o Isaac) se refiere a la _____ gratuita por medio de la obra terminada de _____.

8. ¿En cuál desierto accidentado y hostil vagaron Agar e Ismael? El _____ de

   _____

9. ¿Cuál orden le dio Dios a Abraham para probar su fe? _____ a su _____

   _____

10. Llene los espacios en blanco. Dios le había enseñado a Abraham a _____ primero y a _____ después.

11. ¿Qué respuesta profética dio Abraham como respuesta a la pregunta de Isaac de: "...dónde está el cordero para el holocausto?" Dios se _____ de

_____

12. ¿Cuál lugar escogió Dios para sacrificios importantes y que después se convirtió en el lugar del Monte del Templo? El

_____ _____

13. Llene el espacio en blanco. A fin de salvar la vida de Isaac, Dios le proporcionó un _____

14. ¿Qué es un sacrificio sustitutivo? Cuando alguien

_____ la _____ por _____

_____

15. ¿A quién tipifica el cordero de la historia de Isaac? A

_____

16. De acuerdo a Hebreos 11:17-19, ¿qué consolación tenía Abraham cuando ofreció a Isaac? Que _____ era

_____ para _____ de entre

los _____

17. De acuerdo a Juan 1:29, ¿quién es el Cordero que tomó nuestro lugar en la cruz?_____

18. ¿Cuál es una de las mejores maneras de estudiar la Biblia? _____ _____

_____

19. Llene los espacios en blanco. "Mas Dios muestra su amor

    para con nosotros, en que siendo aún _____

    Cristo _____ por _____. Pues

    mucho más, estando ya justificados en su _____

    por él seremos salvos de la _____." (Romanos 5:8-9)

La Biblia sobre todo™

Isaac y su familia

Cómo completar esta lección

1. Lea la lección.

*Mientras lea, asegúrese de anotar cualquier comentario o preguntas que tenga. Tenga su Biblia Reina Valera a la mano para buscar pasajes a medida que avance. **Es muy importante***

.2. Conteste las preguntas.

Las encontrará en la sección de Preguntas y Respuestas al final de cada lección. Le recomendamos que escriba sus respuestas en el folleto* correspondiente de preguntas y respuestas que puede descargar de nuestra página.

3. Verifique su trabajo.

Una vez que haya completado el folleto de preguntas y respuestas, verifique sus respuestas con las que se encuentran en la guía de respuestas* para esta lección.

¿Está estudiando con un tutor?

Si un tutor de la Biblia sobre todo le dio este libro, asegúrese de informarle una vez que complete esta lección. De esta manera, usted puede compartir su trabajo de la sección de preguntas y respuestas y comentar sobre lo que ha aprendido antes de continuar a la siguiente lección.

*Disponible en www.getbiblefirst.com/es/downloads

Resumen de la lección

- La muerte y sepultura de Sara
- Una esposa para Isaac
- Los dos hermanos: Jacob y Esaú
- El rechazo de Dios de Esaú
- Dios confirma Su pacto con Isaac

Introducción

A medida que la vida de Abraham llegaba a su fin, el cumplimiento de la promesa de Dios apenas estaba comenzando a desarrollarse. Fiel a Su Palabra, le había dado a Abraham a su hijo Isaac por medio de un milagro quien ahora continuaría la línea mesiánica. Esta lección recuenta la historia de la provisión extraordinaria de Dios de una esposa para Isaac y el nacimiento milagroso de sus hijos. Jacob, el hijo de Isaac fue elegido particularmente por Dios como el siguiente heredero de las promesas que Abraham había recibido. Jacob eventualmente sería el padre del pueblo elegido de Dios: la nación de Israel.

La muerte y sepultura de Sara

"Fue la vida de Sara ciento veintisiete años; tantos fueron los años de la vida de Sara. Y murió Sara en Quiriat-arba, que es Hebrón, en la tierra de Canaán; y vino Abraham a hacer duelo por Sara, y a llorarla". (Génesis 23:1-2) Sara fue verdaderamente una mujer grande y bendita en la Escritura. Aunque fue estéril durante gran parte de su vida, Sara fue elegida por Dios para ser la madre de una gran nación. Abrió su vientre y le dio un hijo en un momento de su vida en que la concepción se consideraba imposible. La Biblia dice que Sara consideró a Dios como fiel, confiando en Él ante obstáculos asombrosos. *"Por la fe también la misma Sara, siendo estéril, recibió fuerza para concebir; y dio a luz aun fuera del tiempo de la edad, porque creyó que era fiel quien lo había prometido". (Hebreos 11:11)*

Aunque Sara no era perfecta, la Biblia nos dice que era una mujer de fe y un modelo a seguir para todas las mujeres. El apóstol Pedro honró más tarde el ejemplo de Sara al escribir sobre la relación de una esposa con su marido: *"Asimismo vosotras, mujeres, estad sujetas a vuestros maridos... considerando vuestra conducta casta y respetuosa. Vuestro atavío... el interno, el del corazón, en el incorruptible ornato de un espíritu afable y apacible, que es de grande estima delante de Dios. Porque así también se ataviaban en otro tiempo aquellas santas mujeres que esperaban en Dios, estando sujetas a sus maridos; como Sara obedecía a Abraham, llamándole señor; de la cual vosotras habéis venido a ser hijas, si hacéis el bien, sin temer ninguna amenaza". (1 Pedro 3:1-6)*

En el momento de la muerte de Sara, todavía consideraban a Abraham un extraño en la tierra de Canaán. Por lo tanto fue necesario que Abraham comprara un terreno de los hijos de Het para enterrar a Sara. Aunque Dios había prometido que esta tierra sería de Abraham algún día, esas palabras aún no se habían cumplido. Sin embargo, Abraham no vaciló en su fe. El hombre que era conocido como el Amigo de Dios, había aprendido hacía mucho tiempo que Dios cumple Su palabra a Su debido tiempo. Mucho de lo que Dios prometió a Abraham y Sara nunca sucedió en su vida. Sin embargo, siguieron a Dios hasta el final, sabiendo que Él es fiel. *"Conforme a la fe murieron todos éstos sin haber recibido lo prometido, sino mirándolo de lejos, y creyéndolo, y saludándolo, y confesando que eran extranjeros y peregrinos sobre la tierra".* *(Hebreos 11:13)*

Característica histórica

La Cueva de Macpelah, también conocida como la Tumba de los Patriarcas, es una serie de cuevas subterráneas ubicada en la antigua ciudad de Hebrón. El área se considera un lugar sagrado por los judíos, los cristianos y los musulmanes por igual, los cuales afirman que es el lugar de entierro de Abraham y Sara, así como de sus descendientes Isaac, Rebeca, Jacob y Lea.

Herodes el Grande construyó un gran recinto sobre estas cuevas que todavía existe hoy. El edificio se construyó con piedras que miden 3 pies (0.9 m) de alto y 24 pies (7.3 m) de largo, con paredes de más de 6 pies (1.8 m) de espesor. Sin embargo, inexplicablemente no se le agregó techo hasta la época del Imperio bizantino cuando se construyó una basílica y cercaron completamente las cuevas.

A través de los siglos, la estructura periférica fue destruida y reconstruida varias veces y se convirtió alternativamente en una iglesia o una mezquita, dependiendo de los conquistadores de la época. Los cruzados fueron los últimos en construir una iglesia en el sitio en 1100 d.C. Sin embargo, Saladino el conocido líder musulmán conquistó la zona y la reconvirtió en una mezquita por última vez en 1188 d.C.

Bajo el dominio de los mamelucos a finales del siglo XIV, se prohibió a los judíos entrar en el sitio y lo más cerca en donde se les admitía era en el séptimo escalón en una escalera sureste.

No fue hasta 1967, después de la Guerra de los Seis Días que Israel tomó control de las cuevas y levantó la restricción del séptimo escalón. El sitio siguió siendo tan sensible desde el punto de vista político debido a las continuas disputas entre judíos y musulmanes, que parte del proceso de paz árabe-israelí de 1996, incluyó la restricción del acceso para ambos grupos religiosos. Los turistas ahora pueden visitar la Tumba de los Patriarcas, sin embargo, los soldados de las Fuerzas de Defensa Israelí rodean el área y controlan el acceso a los santuarios.

Lectura preliminar — Antes de comenzar con esta parte de la lección, favor de leer **Génesis 24** en su Biblia.

Una esposa para Isaac

Cuando se acercaba al final de su vida, Abraham tuvo gran cuidado de encontrar una esposa idónea para su hijo. Sabía que esto no era una tarea sin importancia, puesto que la mujer que se convertiría en esposa de Isaac ejercería una profunda influencia en las generaciones futuras. Sería la madre del siguiente heredero de las promesas de Dios.

Los canaanitas entre los que vivía Abraham, se habían degenerado en una gran maldad. El culto a los ídolos, la homosexualidad e incluso el sacrificio infantil era algo habitual. ¡Seguramente la elección de una esposa de entre los canaanitas hubiera sido desastrosa! Así que Abraham decidió que Isaac debía casarse con una mujer de su tierra natal.

Las Escrituras hacen constar que Abraham encargó a su siervo de más confianza la tarea de encontrar una esposa para Isaac. *"Y dijo Abraham a un criado suyo, el más viejo de su casa, que era el que gobernaba en todo lo que tenía: Pon ahora tu mano debajo de mi muslo, y te juramentaré por Jehová, Dios de los cielos y Dios de la tierra, que no tomarás para mi hijo mujer de las hijas de los cananeos, entre los cuales yo habito; sino que irás a mi tierra y a mi parentela, y tomarás mujer para mi hijo Isaac". (Génesis 24:2-4)* Abraham le aseguró a su siervo que Dios mismo le daría éxito en esta misión: *"Jehová, Dios de los cielos... él enviará su ángel delante de ti, y tú traerás de allá mujer para mi hijo". (Génesis 24:7)*

¿Sabía usted?

La costumbre judía de poner la mano bajo el muslo de otra persona, se usaba solamente cuando se obligaba a un juramento muy solemne y sagrado. (Vea también Génesis 47:29 cuando Jacob hizo jurar a José en su lecho de muerte, que no lo enterraría en Egipto.) En la manera de pensar del Medio Oriente, el muslo indicaba poder y fuerza, por lo que este gesto se interpretaba como pagar homenaje a la persona. Básicamente, Abraham estaba obligando a su siervo a cumplir el juramento con todas sus fuerzas.

El siervo se encuentra con Rebeca

El siervo de Abraham reunió las provisiones necesarias para su viaje y partió hacia Mesopotamia. Al acercarse a la ciudad de Nacor, llegó a un pozo donde se detuvo para dar agua a sus camellos. Sabiamente se dio tiempo para buscar la guía de Dios para la tarea que se avecinaba. *"Y dijo: Oh Jehová, Dios de mi señor Abraham, dame, te ruego, el tener hoy buen encuentro, y haz misericordia con mi señor Abraham. He aquí yo estoy junto a la fuente de agua, y las hijas de los varones de esta ciudad salen por agua. Sea, pues, que la doncella a quien yo dijere: Baja tu cántaro, te ruego, para que yo beba, y ella respondiere: Bebe, y también daré de beber a tus camellos; que sea ésta la que tú has destinado para tu siervo Isaac..." (Génesis 24:12–14)*

Esta breve oración ofrece un vistazo asombroso del corazón del siervo de Abraham. Claramente, este hombre no buscaba su propio beneficio, sino más bien el de su amo. Su conducta durante todo el viaje es un ejemplo de lo que la Biblia llama un mensajero fiel: *"Como frío de nieve en tiempo de la siega, Así es el mensajero fiel a los que lo envían, Pues al alma de su señor da refrigerio".* *(Proverbios 25:13)*

Antes de que el siervo hubiera terminado su oración, vio a una joven que se acercaba al pozo a sacar agua. Después de pedirle agua, observó con asombro como ella empezó a llevar a cabo la misma tarea de la que él había hablado en su oración, confirmando así que en efecto, ella era la elección de Dios para

Isaac. "*Y cuando acabó de darle de beber, dijo: También para tus camellos sacaré agua, hasta que acaben de beber. Y se dio prisa, y vació su cántaro en la pila, y corrió otra vez al pozo para sacar agua, y sacó para todos sus camellos. Y el hombre estaba maravillado de ella, callando, para saber si Jehová había prosperado su viaje, o no*". (Génesis 24:19–21)

Mientras los dos hablaban más a fondo, Rebeca reveló que era hija de Betuel, hijo de Nacor el hermano de Abraham. "*Y añadió: También hay en nuestra casa paja y mucho forraje, y lugar para posar. El hombre entonces se inclinó, y adoró a Jehová, y dijo: Bendito sea Jehová, Dios de mi amo Abraham, que no apartó de mi amo su misericordia y su verdad, guiándome Jehová en el camino a casa de los hermanos de mi amo*". (Génesis 24:25–27)

El siervo se encuentra con la familia de Rebeca

La familia de Rebeca dio la bienvenida al criado de Abraham con la típica hospitalidad oriental. El primero en saludarlo fue Labán, el hermano de Rebeca quien lo condujo a la casa de la familia, aseguró el cuidado de los animales y le ofreció de comer inmediatamente. Pero el siervo lo rechazó e insistió en que primero debía explicar su misión. Tan entregado era a la misión que le había dado Abraham, que rehusó cualquier distracción que pudiera restarle valor al propósito principal para el cual había venido.

Habiendo así asegurado la atención de su audiencia, el criado procedió a contar la historia de su viaje hasta ese momento. La providencia y dirección de Dios eran innegables. *"Entonces Labán y Betuel respondieron y dijeron: De Jehová ha salido esto; no podemos hablarte malo ni bueno. He ahí Rebeca delante de ti; tómala y vete, y sea mujer del hijo de tu señor, como lo ha dicho Jehová"*. (Génesis 24:50–51)

Al día siguiente, el criado de Abraham se levantó temprano en la mañana y se preparó para regresar a su amo. Algunos de la familia de Rebeca querían que ella se quedara unos días más, pero el criado estaba ansioso por marcharse. Finalmente le preguntaron a Rebeca si iría ese día o no. *"Y llamaron a Rebeca, y le dijeron: ¿Irás tú con este varón? Y ella respondió: Sí, iré"*. (Génesis 24:58) Así, el siervo de Abraham partió con Rebeca para la tierra de Canaán, regocijándose en la provisión de Dios.

Isaac y Rebeca se casan

Una tarde cuando Isaac salió al campo para meditar, vio que se acercaba la caravana del criado. Rebeca también notó a Isaac y preguntó acerca de su identidad. Cuando se enteró de que este era su futuro esposo, desmontó del camello y veló su rostro. La costumbre del Medio Oriente dictaba que "si Isaac iba a pie, habría sido descortés que ella permaneciera sentada..."[1]

Isaac se encontró con la caravana y el siervo de Abraham le contó todo lo que había ocurrido. *"Y la trajo Isaac a la tienda de su madre Sara, y tomó a Rebeca por mujer, y la amó; y se consoló Isaac después de la muerte de su madre". (Génesis 24:67)*

1. Jamieson, Fausset and Brown, Commentary on the Whole Bible, [Comentario de toda la Biblia] Zondervan Publishing House, Grand Rapids, Michigan, 1961

¿Sabía usted?

La costumbre judía de velar la cabeza o el rostro de la novia, se originó con Rebeca quien se cubrió la cara al encontrarse con Isaac por primera vez. El velo no solamente simboliza la reverencia y la sujeción de la novia a su marido; la tradición judía nos dice que al hacerlo se da un mensaje. Cuando el novio acepta a su novia con el rostro cubierto, le está diciendo que no se casa con ella por su belleza externa, sino por su belleza interna que nunca se perderá.

Exploración de la Biblia

Al estudiar las Escrituras, es vital discernir entre una narrativa y un mandato. La Biblia es un libro de historia, así como de doctrina y aunque cada palabra se nos da para nuestro aprendizaje, cada detalle no está diseñado a ser un patrón que debamos seguir. El contexto de cualquier pasaje ofrece una clara distinción entre un mandato directo y un simple recuento de los acontecimientos.

En el tiempo de Abraham, los matrimonios arreglados eran comunes. Además, en este caso particular, el método de Abraham para encontrar una esposa para su hijo era necesario para que las futuras generaciones no se alejaran del Señor y del pacto que Él había establecido con ellos. La preservación del linaje de Abraham — tanto moral como genéticamente — era de suma preocupación, ya que el Mesías vendría de su linaje. Sin embargo, esta narración no se debe interpretar como modelo exclusivo por el cual los hombres y las mujeres pueden contraer matrimonio. De hecho, los mandatos de las Escrituras con respecto al matrimonio son bastante sencillos, distando mucho de ordenar una estructura particular de cortejo.

Lectura preliminar — Antes de comenzar con esta parte de la lección, favor de leer **Génesis 25** en su Biblia.

La muerte de Abraham

Después de que Sara murió, Abraham tomó a otra esposa, a Cetura y engendró muchos más hijos. Esto indica que la restauración de Dios de la infertilidad de Abraham no se limitó simplemente a la concepción de Isaac. Como Ismael, los hijos nacidos de Cetura eran herederos legítimos de Abraham y eran beneficiarios de gran bendición. Pero solamente Isaac nació de la promesa y fue a través de su linaje que el pacto continuaría. *"No que la palabra de Dios haya fallado; porque no todos los que descienden de Israel son israelitas, ni por ser descendientes de Abraham, son todos hijos; sino: **En Isaac te será llamada descendencia**". (Romanos 9:6–7)*

Con el fin de establecer a Isaac como el único heredero de la tierra de Canaán, Abraham les dio a sus otros hijos suficientes dones y los envió hacia el este. *"Y Abraham dio todo cuanto tenía a Isaac. Pero a los hijos de sus concubinas dio Abraham dones, y los envió lejos de Isaac su hijo, mientras él vivía, hacia el oriente, a la tierra oriental". (Génesis 25:5–6)*

El entierro de Abraham

Abraham murió a la edad de 175 años. Tal vez ninguna otra vida en la historia de la humanidad ha sido marcada por semejante caminata de fe incondicional en Dios. El Apóstol Pablo llama a Abraham "el padre de todos los creyentes" y lo pone como un ejemplo de fe para todos los que vendrán después de él. *"Y recibió [Abraham] la circuncisión como señal, como sello de la justicia de la fe que tuvo estando aún incircunciso; para que fuese padre de todos los creyentes no circuncidados... Tampoco dudó, por incredulidad, de la promesa de Dios, sino que se fortaleció en fe, dando gloria a Dios, plenamente convencido de que era también poderoso para hacer todo lo que había prometido". (Romanos 4:11, 20-21)*

Jacob y Esaú

Mientras tanto, la vida de Isaac y Rebeca se vio afectada por el hecho de que Rebeca era estéril como Sara había sido antes que ella. Pasarían 20 años desde el momento de su matrimonio antes que Rebeca pudiera concebir. La Biblia dice que Isaac se dirigió a Dios en busca de ayuda. *"Y oró Isaac a Jehová por su mujer, que era estéril; y lo aceptó Jehová, y concibió Rebeca su mujer".* (*Génesis 25:21*)

A medida que pasaba el tiempo, era evidente que Rebeca esperaba gemelos, ya que a menudo luchaban en su vientre. Perpleja, Rebeca preguntó al Señor, Quien le reveló la naturaleza de su conflicto. *"Y le respondió Jehová: Dos naciones hay en tu seno, Y dos pueblos serán divididos desde tus entrañas; El un pueblo será más fuerte que el otro pueblo, Y el mayor servirá al menor".* (*Génesis 25:23*) Este anuncio predijo la elección de Dios de Jacob, el hijo menor de Rebeca para ser el siguiente heredero de las promesas que Dios le dio a Abraham.

Aunque eran gemelos, Jacob y Esaú eran tan diferentes como los dedos de la mano. Aun los eventos relacionados con su nacimiento parecían indicar un conflicto futuro. *"Cuando se cumplieron sus días para dar a luz, he aquí había gemelos en su vientre. Y salió el primero rubio, y era todo velludo como una pelliza; y llamaron su nombre Esaú. Después salió su hermano, trabada su mano al calcañar de Esaú; y fue llamado su nombre Jacob ["el que toma por el calcañar", "el que suplanta"]. Y era Isaac de edad de sesenta años cuando ella los dio a luz".* (*Génesis 25:24–26*)

Desde pequeños, los niños comenzaron a demostrar intereses y gustos diferentes. Lamentablemente esto condujo a Isaac y

Rebeca a un peligroso juego de favoritismo entre Esaú y Jacob. *"Y crecieron los niños, y Esaú fue diestro en la caza, hombre del campo; pero Jacob era varón quieto, que habitaba en tiendas. Y amó Isaac a Esaú, porque comía de su caza; mas Rebeca amaba a Jacob". (Génesis 25:27–28)*

Exploración de la Biblia

La palabra calcañar se usa solamente seis veces en la Escritura y siempre aparece como algo negativo. El calcañar puede ser golpeado por un enemigo, se le puede atrapar en una trampa o se puede levantar en traición contra otra persona. Hablando de Jacob en su comentario sobre la Biblia, Adam Clarke registra que: "Su nombre fue Jacob — בקעי Yaccob, de בקע akab, defraudar, engañar, suplantar, es decir, derribar a una persona al obstaculizar sus calcañares. De allí que el nombre se le dio a Jacob, porque se comprobó que había asido el calcañar de su hermano, simbolizando así que suplantaría a Esaú y lo defraudaría de su progenitura."[2]

2. Adam Clarke, Adam Clarke's Commentary of the Bible, [Comentario de la Biblia de Adam Clarke] Baker Publishing Group, August, 1983

🔍 *Exploración de la Biblia*

Debido a la infertilidad de Rebeca, la milagrosa intervención de Dios se hizo necesaria nuevamente para que continuara la línea mesiánica. No es completamente insólito que una mujer no pudiera tener hijos, pero parece extraño que tanto Sara como Rebeca fueran estériles, considerando la importancia de su papel en el plan de Dios. Sabiendo la situación de Rebeca, ¿por qué Dios habría conducido al siervo de Abraham directamente a ella y la habría seleccionado cuidadosamente para ser la esposa de Isaac? Aunque las Escrituras no especifican nada sobre el tema, uno comienza a sospechar que Dios estaba complicando deliberadamente el cumplimiento de Su propia promesa, como diciendo: "Esta es Mi promesa, Mi linaje y Mi pacto y yo lo estableceré como mejor me parezca, y nadie lo cumplirá por su propio designio". La presencia de lo difícil, incluso de lo imposible, es lo que brinda la necesidad de fe y sin fe es imposible agradar a Dios.

Las concepciones milagrosas de Sara, Rebeca y más tarde Raquel la esposa de Jacob, son señal de la unción de Dios en Su pacto. También son señales precursoras de uno de los milagros más asombrosos de todos los tiempos: el nacimiento virginal de nuestro Salvador Jesucristo. *"Por tanto, el Señor mismo os dará señal: He aquí que la virgen concebirá, y dará a luz un hijo, y llamará su nombre Emanuel ["Dios con nosotros"]". (Isaías 7:14)* El cumplimiento de esta profecía se registra en Mateo 1:18: *"El nacimiento de Jesucristo fue así: Estando desposada María su madre con José, antes que se juntasen, se halló que había concebido del Espíritu Santo".*

Jesús nació de una mujer que tenía el mayor problema de fertilidad: que era virgen. Se podría explicar la concepción en una mujer casada que antes era estéril. ¿Un golpe de suerte tal vez? Pero la concepción en una mujer que nunca ha conocido hombre es biológicamente imposible. Dios ama superar tales obstáculos, porque como las Escrituras declaran: *"... Para los hombres esto es imposible; mas para Dios todo es posible". (Mateo 19:26)* Dios usa eventos sobrenaturales que no se pueden explicar de ninguna otra manera, para recordarnos Su presencia y para confirmar la autenticidad de Su Palabra. *"He aquí que yo soy Jehová, Dios de toda carne; ¿habrá algo que sea difícil para mí?" (Jeremías 32:27)*

Esaú vende su primogenitura

Como el primogénito de Isaac, Esaú tenía derecho a una posición exclusiva de honor en la familia. Conocida como la primogenitura, su derecho a esta posición garantizaba ciertos privilegios, posición, e incluso beneficios monetarios que no se daban a los otros hijos. En años posteriores, bajo la ley Mosaica, los hijos primogénitos tenían derecho a una doble porción de la herencia familiar. (Ver Deuteronomio 21:16–17)

Un día cuando Esaú regresaba de cacería, ocurrió algo extraño que cambió el rumbo de la vida de ambos hermanos para siempre. *"Y guisó Jacob un potaje†; y volviendo Esaú del campo, cansado, dijo a Jacob: Te ruego que me des a comer de ese guiso rojo, pues estoy muy cansado. Por tanto fue llamado su nombre Edom ["rojo"]. Y Jacob respondió: Véndeme en este día tu primogenitura. Entonces dijo Esaú: He aquí yo me voy a morir; ¿para qué, pues, me servirá la primogenitura? Y dijo Jacob: Júramelo en este día. Y él le juró, y vendió a Jacob su primogenitura". (Génesis 25:29–33)*

Después de un largo y frustrado día de caza, Esaú se había acercado a la comodidad de las tiendas consumido por la idea de comida. Más tarde las Escrituras revelan que Esaú se había convertido en un hombre fácilmente influenciado por la pasión física y carecía gravemente de autocontrol. El ver la comida ya lista de su hermano resultó ser demasiado para su apetito indisciplinado y Esaú exigió que le diera de comer inmediatamente. La declaración extravagante de Esaú ilustra

† sopa

aún más su esclavitud a la pasión: *"He aquí yo me voy a morir..."* Ya había llegado caminando a su casa. ¿No podía sobrevivir unos minutos más para preparar su comida? Jacob, quien poseía mucho más control que su hermano mayor, vio la oportunidad de aprovecharse de la situación. Parecería que Jacob ya había codiciado la primogenitura; tal vez los dos hermanos habían discutido el asunto. Cualquiera que haya sido su historia, rápidamente se efectuó la insensata venta y Esaú se sentó a comer el plato de sopa más costoso de la historia. *"Entonces Jacob dio a Esaú pan y del guisado de las lentejas; y él comió y bebió, y se levantó y se fue. Así menospreció Esaú la primogenitura".* (Génesis 25:34)

El rechazo de Dios de Esaú

En el noveno capítulo de Romanos, Pablo escribe que Dios rechazó a Esaú como la cabeza de Su pueblo y eligió a Jacob en su lugar. Pablo continúa diciendo que de hecho, el Señor aborreció a Esaú. *"Y no solamente esto, sino también cuando Rebeca concibió de uno, de Isaac nuestro padre (pues no habían aún nacido, ni habían hecho aún ni bien ni mal, para que el propósito de Dios conforme a la elección permaneciese, no por las obras sino por el que llama), se le dijo [a Rebeca]: El mayor [Esaú] servirá al menor [Jacob]. Como está escrito: A Jacob amé, mas a Esaú aborrecí".* (Romanos 9:10–13) Una interpretación casual de este pasaje presenta a Dios de una manera bastante injusta. ¿Qué hizo Esaú para merecer tal animosidad de su Creador?

La Biblia enseña claramente que Dios es justo. Su indignación nunca es inmerecida. *"Él es Todopoderoso, al cual no alcanzamos, grande en poder; Y en juicio y en multitud de justicia no afligirá".* (Job 37:23) ¿Podría Dios odiar a un hombre que no mereciera condenación justamente?

Para comprender adecuadamente el juicio de Dios en este caso, es necesario examinar exactamente lo que la Biblia dice acerca de Esaú. En el Antiguo Testamento, Dios hace dos declaraciones que Pablo repite en Romanos 9.

1. El mayor servirá al menor. (Romanos 9:12)

2. A Jacob amé, mas a Esaú aborrecí. (Romanos 9:13)

Cada vez que un autor del Nuevo Testamento cita el Antiguo Testamento, es importante volver atrás y examinar las citas en su contexto original. La primera de las declaraciones anteriores es una cita de Génesis 25:23: *"Y le respondió Jehová: Dos naciones hay en tu seno, Y dos pueblos serán divididos desde tus entrañas; El un pueblo será más fuerte que el otro pueblo, Y el mayor servirá al menor".* En este texto, Dios simplemente profetiza el futuro de los niños y predice la reversión de sus roles naturales. Pero la explicación de Génesis deja claro que la razón por la que ocurrió esta inversión se debió a la decisión de Esaú. Influenciado por su pasión, renunció insensatamente a su primogenitura a cambio de un plato de sopa. La elección fue de él y de nadie más.

La segunda declaración es una cita de Malaquías 1:3: *"Y a Esaú aborrecí, y convertí sus montes en desolación, y abandoné su heredad para los chacales del desierto"*. En claro contraste de la primera declaración, este pasaje se escribió después de la muerte de Esaú. Dios había visto la vida de Esaú y la había rechazado. Hebreos 12 aporta más información sobre el carácter de Esaú. *"No sea que haya algún fornicario, o profano, como Esaú, que por una sola comida vendió su primogenitura. Porque ya sabéis que aun después, deseando heredar la bendición, fue desechado, y no hubo oportunidad para el arrepentimiento, aunque la procuró con lágrimas".* *(Hebreos 12:16-17)* El odio de Dios hacia Esaú ciertamente tiene gran justificación, pues se basó en la flagrante maldad que Esaú cometió durante su vida.

La elección de Dios de Jacob como heredero de las promesas fue un ejemplo de elección, pero su odio hacia Esaú se basó en sus acciones. Dios puede elegir a un hombre para cumplir un propósito divino y al mismo tiempo rechazar a otro. Esa es la prerrogativa justa de Dios. Pero el odio de Dios solamente se manifiesta hacia aquéllos que han escogido hacer el mal deliberadamente. *"Porque la ira de Dios se revela desde el cielo contra toda impiedad e injusticia de los hombres que detienen con injusticia la verdad..."* *(Romanos 1:18)*

Concepto clave

Cada vez que un autor del Nuevo Testamento cita el Antiguo Testamento, es importante volver atrás y examinar las citas en su contexto original.

Concepto clave

Dios es justo y Su indignación nunca es inmerecida.

¿Sabía usted?

En el Antiguo Testamento, la primogenitura era mucho más que una doble herencia de tierra y riqueza. Era una posición espiritual venerada que consistía de dignidad y poder. Las promesas de Dios se cumplirían a través de los descendientes de Abraham quienes tuvieran la primogenitura. En última instancia, el Mesías nacería del linaje de ese hombre y todas las naciones de la tierra serían bendecidas.

Cuando Esaú vendió su primogenitura, no solamente ignoró por completo el legado material de su familia, sino que dio la espalda a la promesa y al pacto que Dios había hecho con su abuelo Abraham. *"¿... para qué pues, me servirá la primogenitura?"* (*Génesis 25:32*) Semejante flagrante menosprecio por algo que se consideraba como sagrado equivaldría a intercambiar su anillo de bodas por un hotdog, solamente que mucho peor. El comportamiento de Esaú revela una completa falta de reverencia y de respeto hacia las cosas de Dios.

Más adelante en Hebreos 12:16, la Biblia usa una palabra significativa para describir a Esaú, *"... no sea que haya algún...* **profano** *como Esaú, que por una sola comida vendió su primogenitura"*. El Diccionario de Webster de 1828 proporciona esta definición de la palabra profanar: "Violar cualquier cosa sagrada o tratarla con abuso, irreverencia, oprobio o desprecio". Las Escrituras revelan que la profanidad de Esaú fue más allá del simple comportamiento vulgar o lascivo; Esaú era un hombre sacrílego sin ninguna preocupación por agradar a Dios. Sus bendiciones y responsabilidades espirituales no significaron nada para él.

Lectura preliminar — Antes de comenzar con esta parte de la lección, favor de leer **Génesis 26** en su Biblia.

Los viajes de Isaac

"Después hubo hambre en la tierra, además de la primera hambre que hubo en los días de Abraham; y se fue Isaac a Abimelec rey de los filisteos, en Gerar". (Génesis 26:1) Al igual que su padre Abraham, Isaac se vio forzado a viajar al sur en busca de víveres. Durante su viaje, el Señor se le apareció y le advirtió que eludiera la tierra de Egipto y confirmó las promesas que había dado a Abraham originalmente. *"Y se le apareció Jehová, y le dijo: No desciendas a Egipto; habita en la tierra que yo te diré. Habita como forastero en esta tierra, y estaré contigo, y te bendeciré; porque a ti y a tu descendencia daré todas estas tierras, y confirmaré el juramento que hice a Abraham tu padre. Multiplicaré tu descendencia como las estrellas del cielo, y daré a tu descendencia todas estas tierras; y todas las naciones de la tierra serán benditas en tu simiente, por cuanto oyó Abraham mi voz, y guardó mi precepto, mis mandamientos, mis estatutos y mis leyes". (Génesis 26:2–5)* Así Isaac moró en Gerar, la tierra de los filisteos.

Los hombres de Gerar pronto notaron la belleza de Rebeca y empezaron a preguntar por ella. Temiendo que pudieran matarlo y tomar a Rebeca, Isaac cometió el mismo error que su padre: mintió acerca de su relación. Al igual que todas las mentiras, el cuento de Isaac finalmente se derrumbó y se descubrió su engaño. *"Sucedió que después que él estuvo allí muchos días, Abimelec, rey de los filisteos, mirando por una ventana, vio a Isaac que acariciaba a Rebeca su mujer. Y llamó Abimelec a Isaac, y dijo: He aquí ella es de cierto tu mujer. ¿Cómo, pues, dijiste: Es mi hermana? E Isaac le respondió: Porque dije: Quizá moriré por causa de ella. Y Abimelec dijo: ¿Por qué nos has hecho esto? Por poco hubiera dormido alguno del pueblo con tu mujer, y hubieras traído sobre nosotros el pecado". (Génesis 26:8–10)* A pesar del comportamiento engañoso de Isaac para con él, Abimelec temió a Dios y previno a toda la gente de su tierra de causar daño a Isaac y Rebeca.

Fiel a Su palabra, Dios continuó bendiciendo a Isaac *"Y sembró Isaac en aquella tierra, y cosechó aquel año ciento por uno; y le bendijo Jehová. El varón se enriqueció, y fue prosperado, y se engrandeció hasta hacerse muy poderoso". (Génesis 26:12–13)*

Concepto clave

Dios siempre cumple Su propósito y sigue siendo fiel a Sus promesas.

Conclusión

Al igual que su padre, Isaac estaba lejos de ser perfecto. Sin embargo, Dios permaneció fiel al pacto que hizo con Abraham y continuó el linaje del Mesías. Dios usó obstáculos insuperables como campos de entrenamiento de fe para Sus hijos al ordenar el matrimonio de Isaac y Rebeca de manera providencial y más tarde al abrir el vientre de Rebeca para preservar el linaje de Abraham.

Notes

_____

_____

_____

_____

_____

_____

_____

_____

_____

_____

_____

_____

_____

_____

_____

_____

_____

_____

_____

_____

_____

_____

_____

_____

_____

_____

_____

_____

_____

_____

Antes de continuar con la siguiente lección, por favor responda todas las preguntas de la siguiente sección. Si lo prefiere, puede descargar un folleto imprimible y una guía de respuesta de nuestra página:

www.getbiblefirst.com/es/downloads

Q&A

1. Después de Abraham, ¿quién se convirtió en el siguiente heredero para continuar la línea Mesiánica?

   _____

2. Llene los espacios en blanco. Aunque Sara no era perfecta, la Biblia nos dice que era una _____ de _____ y un _____ a seguir para todas las mujeres.

3. ¿Por qué fue necesario que Abraham comprara un terreno de los hijos de Het para enterrar a Sara? Porque aun consideraban a _____ un _____ en _____

4. ¿Cuál es el nombre de las cuevas subterráneas localizadas en la ciudad de Hebrón donde están sepultados Abraham y Sara? La _____ de _____ o la _____ de los _____

5. Llene los espacios en blanco. "...murieron todos
   éstos sin haber_____ lo _____,
   sino mirándolo de lejos, y _____, y
   _____, y confesando que eran extranjeros
   y _____ sobre la tierra." (Hebreos 11:13)

6. ¿Por qué buscó Abraham una esposa para Isaac
   de su tierra natal? Porque los _____ se
   habían _____ en una gran

   _____.

7. ¿En qué circunstancias se usaba la costumbre judía de
   poner la mano bajo el muslo de otra persona? Cuando se
   _____ a un _____
   muy _____ y _____

8. Complete la oración. Sabiamente el siervo de Abraham
   se dio tiempo para buscar la _____
   de _____ para la tarea que se

   _____.

9. Llene el espacio en blanco. "Como frío de nieve en tiempo
   de la siega, así es el _____ _____.
   Pues al alma de su señor da refrigerio." (Proverbios 25:13)

10. ¿Cómo se originó la costumbre judía del velo de novia?
    Cuando _____ se _____ el rostro al
    encontrarse con _____ por _____
    vez.

11. Llene los espacios en blanco. Al estudiar las Escrituras,
    es vital discernir entre una _____ y un

    _____

12. ¿Qué hizo Abraham para establecer a Isaac como el único heredero de la tierra de Canaán? Les dio _____ a sus _____ y los mandó para el _____.

13. Llene el espacio en blanco. El Apóstol Pablo le llama a Abraham el _____ de todos los _____y lo pone como un ejemplo de fe para todos los que vendrán después de él.

14. Nombre a los gemelos que luchaban en el vientre de Rebeca. _____ y _____

15. ¿Cuál gemelo asió el calcañar de su hermano mientras nacía, indicando así conflicto futuro? _____

16. Llene los espacios en blanco. La palabra calcañar se usa solamente seis veces en la Escritura y siempre aparece como algo negativo. El calcañar puede ser _____por un enemigo, se le puede _____ en una trampa, o se puede _____ en _____ contra otra persona.

17. Complete la oración. Las concepciones milagrosas de Sara, Rebeca y más tarde Raquel la esposa de Jacob, son _____ de la _____ de _____ en Su pacto.

18. Complete la oración. En el Antiguo Testamento, la primogenitura era mucho más que una doble herencia de tierra y riqueza. Era una _____ _____ venerada de _____ y _____.

19. Llene los espacios en blanco. Cada vez que un autor del Nuevo Testamento cita el Antiguo Testamento, es importante volver atrás y _____ las _____ en su contexto original.

20. Llene los espacios en blanco. La elección de Dios de Jacob como heredero de las promesas fue un ejemplo de _____. Pero su odio hacia Esaú se basó en sus _____

21. Llene los espacios en blanco. Dios siempre cumple Su _____ y sigue siendo _____ a Sus _____

La Biblia sobre todo ™

Jacob, parte 1

Cómo completar esta lección

1. Lea la lección.
*Mientras lea, asegúrese de anotar cualquier comentario o preguntas que tenga. Tenga su Biblia Reina Valera a la mano para buscar pasajes a medida que avance. **Es muy importante.***

2. Conteste las preguntas.
Las encontrará en la sección de Preguntas y Respuestas al final de cada lección. Le recomendamos que escriba sus respuestas en el folleto* correspondiente de preguntas y respuestas que puede descargar de nuestra página.

3. Verifique su trabajo.
Una vez que haya completado el folleto de preguntas y respuestas, verifique sus respuestas con las que se encuentran en la guía de respuestas* para esta lección.

¿Está estudiando con un tutor?
Si un tutor de la Biblia sobre todo le dio este libro, asegúrese de informarle una vez que complete esta lección. De esta manera, usted puede compartir su trabajo de la sección de preguntas y respuestas y comentar sobre lo que ha aprendido antes de continuar a la siguiente lección.

*Disponible en www.getbiblefirst.com/es/downloads

Introducción

Dios le había prometido a Abraham que bendeciría a su descendencia y que por medio de él todas las naciones del mundo serían bendecidas. Cuando Abraham murió, Isaac heredó esta promesa y ahora se preparaba para pasar la bendición a la siguiente generación. Como el hijo mayor de Isaac, Esaú era el recipiente natural de la bendición, pero como fue predicho antes del nacimiento de los gemelos, Dios había elegido a Jacob en su lugar.

A primera vista, Jacob parecía la opción menos probable de ser el siguiente heredero de las promesas de Dios. Desde su nacimiento se le conocía por su astucia y de hecho, el nombre mismo de Jacob significa suplantador. Ya había hecho honor a su reputación al explotar la debilidad de Esaú y al asegurar la primogenitura para sí mismo. Más tarde, Esaú se lamentó: *"Bien llamaron su nombre Jacob, pues ya me ha suplantado dos veces..."* (Génesis 27:36)

¿Por qué Dios elegiría a un hombre como Jacob? Dios miró el futuro de Jacob y vio al hombre en quien se convertiría. Vio el arrepentimiento y la humildad de Jacob, su obediencia y voluntad de caminar por fe y Dios tomó decisiones basadas en ese conocimiento. Nuestras conclusiónes del valor de otra persona se basan solamente en el conocimiento de su carácter actual, pero Dios tiene la ventaja del conocimiento divino. Jacob el engañador fue predestinado desde antes de su nacimiento para convertirse en Israel, el padre del pueblo de Dios.

Lectura preliminar — Antes de comenzar esta parte de la lección, favor de leer **Génesis 27:1–28:9** en su Biblia.

Jacob se roba la bendición de Esaú

Ciego y envejecido, Isaac sabía que su muerte podía ocurrir en cualquier momento. Aunque su vida había sido plena, aún quedaba una importante tarea por hacer: la concesión consuetudinaria de la bendición familiar al hijo mayor.

Como hijo primogénito de Isaac, Esaú tenía derecho a una posición exclusiva de honor en la familia. Conocida como la primogenitura, su derecho a esta posición garantizaba ciertos privilegios, estatus y beneficio monetario. La bendición oficial del patriarca de la familia era la antigua tradición por medio de la que se otorgaba esta herencia a la siguiente generación.

Con este objetivo, Isaac llamó a Esaú: *"Y él dijo: He aquí ya soy viejo, no sé el día de mi muerte. Toma, pues, ahora tus armas, tu aljaba y tu arco, y sal al campo y tráeme caza; y hazme un guisado como a mí me gusta, y tráemelo, y comeré, para que yo te bendiga antes que muera". (Génesis 27:2–4)*

Como vimos anteriormente, Esaú había renunciado a su derecho a la bendición de su padre cuando vendió imprudentemente su primogenitura a Jacob por un plato de sopa. Es probable que Isaac no se haya dado cuenta del intercambio de herencia que tuvo lugar entre los hermanos. Con la esperanza de corregir su imprudente acción con Jacob y recuperar su herencia perdida, Esaú rápidamente recogió sus armas y salió a cumplir con lo que le pidió su padre.

Sin embargo, Rebeca tenía planes diferentes para la bendición familiar. Habiendo oído el encargo de Isaac a Esaú, ideó un plan para sabotear la voluntad de su marido y asegurar la bendición para su hijo menor. Muchos años antes, Dios le había dicho a Rebeca que Jacob, no Esaú, se convertiría en la nación más fuerte. Como Sara antes de ella, Rebeca decidió ayudar a Dios a llevar a cabo esta predicción.

Sabiendo que la ceguera de su marido podía trabajar a su favor, Rebeca rápidamente informó a Jacob de su plan y le dio instrucciones específicas: *"Ahora, pues, hijo mío, obedece a mi voz en lo que te mando. Ve ahora al ganado, y tráeme de allí dos buenos cabritos de las cabras, y haré de ellos viandas para tu padre, como a él le gusta; y tú las llevarás a tu padre, y comerá, para que él te bendiga antes de su muerte". (Génesis 27:8-10)* Aunque Jacob no se perturbó por el bienestar de Esaú, inmediatamente presentó objeción a los riesgos involucrados para sí mismo. *"He aquí, Esaú mi hermano es hombre velloso, y yo lampiño. Quizá me palpará mi padre, y me tendrá por burlador, y traeré sobre mí maldición y no bendición". (Génesis 27:11-12)* Sin embargo, cuando Rebeca le aseguró que cualquier consecuencia desfavorable caería sobre ella, Jacob aceptó el plan.

Se hicieron los preparativos necesarios apresuradamente y disfrazado de Esaú, Jacob se acercó a su padre Isaac. *"Y Jacob dijo a su padre: Yo soy Esaú tu primogénito; he hecho como me dijiste: levántate ahora, y siéntate, y come de mi caza, para que me bendigas. Entonces Isaac dijo a su hijo: ¿Cómo es que la hallaste tan pronto, hijo mío? Y él respondió: Porque Jehová tu Dios hizo que la encontrase delante de mí". (Génesis 27:19-20)* No únicamente Jacob se rebajó al nivel de mentir a su anciano padre, sino que también invocó el nombre de Dios para apoyar sus afirmaciones falsas. Su mención de Jehová como "tu Dios" es un indicador de que Jacob aún no tenía una relación personal con su Creador.

Esperando oír la voz de Esaú pero escuchando la de Jacob, Isaac desconfió al principio. También examinó las manos de Jacob que astutamente Rebeca había cubierto con pelo de cabra. Finalmente convencido, Isaac procedió a otorgar la bendición a Jacob. *"Y le dijo Isaac su padre: Acércate ahora, y bésame, hijo mío. Y Jacob se acercó, y le besó; y olió Isaac el olor de sus vestidos, y le bendijo, diciendo: Mira, el olor de mi hijo, Como el olor del campo que Jehová ha bendecido; Dios, pues, te dé del rocío del cielo, Y de las grosuras de la tierra, Y abundancia de trigo y de*

mosto. Sírvante pueblos, Y naciones se inclinen a ti; Sé señor de tus hermanos, Y se inclinen ante ti los hijos de tu madre. Malditos los que te maldijeren, Y benditos los que te bendijeren". (Génesis 27:26-29)

Años antes de estos acontecimientos, Dios le había revelado a Rebeca que Jacob sería el próximo heredero. *"... Dos naciones hay en tu seno... El un pueblo será más fuerte que el otro pueblo, Y el mayor servirá al menor. (Génesis 25:23)* Las Escrituras no confirman si Isaac supo o no de esta profecía, aunque es probable que Rebeca hubiera transmitido a su marido tan importante información. Al aproximarse el final de su vida, la intención obvia de Isaac era nombrar a Esaú como el próximo heredero del pacto. Nunca sabremos si la decisión de Isaac estaba en oposición directa a la revelación de Dios, o si simplemente estaba mal informado. Sin embargo, la voluntad de Dios se cumplió a pesar de la colusión de Rebeca, el engaño de Jacob y la ignorancia de Isaac: Jacob recibió la bendición del hijo mayor.

Apenas había dejado Jacob la presencia de Isaac, cuando Esaú regresó con el venado según las instrucciones. Al escuchar su voz, Isaac se alteró visiblemente al darse cuenta de su error. Temblando, informó a Esaú que Jacob le había robado su bendición. Tan poderosa era esta bendición y tan sagrada la palabra del padre al concederla, que no se podía anular. Esaú lloró amargamente y rogó a su padre que le diera una bendición adicional. *"Y dijo: ¿No has guardado bendición para mí? Isaac respondió y dijo a Esaú: He aquí yo le he puesto por señor tuyo, y le he dado por siervos a todos sus hermanos; de trigo y de vino le he provisto; ¿qué, pues, te haré a ti ahora, hijo mío?" (Génesis 27:36-37)* Sin embargo, a petición de Esaú, Isaac lo bendijo y predijo que tendría prosperidad y que con el tiempo estaría libre del dominio de Jacob.

Devastado, Esaú juró con gran enojo que mataría a Jacob después de la muerte de Isaac. Aunque de hecho Isaac vivió muchos años más, en ese momento se suponía que su muerte estaba cerca.

Una vez más, Rebeca intervino en nombre de Jacob. *"Y fueron dichas a Rebeca las palabras de Esaú su hijo mayor; y ella envió y llamó a Jacob su hijo menor, y le dijo: He aquí, Esaú tu hermano se consuela acerca de ti con la idea de matarte. Ahora pues, hijo mío, obedece a mi voz; levántate y huye a casa de Labán mi hermano en Harán..." (Génesis 27:42–43)* Habiéndole advertido que se escapara, ella tomó medidas adicionales para asegurar a Jacob una partida honorable quejándose ante Isaac de las pocas posibilidades de esposas en su área. *"Y dijo Rebeca a Isaac: ... Si Jacob toma mujer de las hijas de Het, como éstas, de las hijas de esta tierra, ¿para qué quiero la vida?" (Génesis 27:46)* Isaac le cumplió sus deseos y llamó a Jacob.

A pesar de todo lo que había transcurrido hasta este momento, ahora Isaac comprendió que Jacob era la elección de Dios para continuar el linaje del Mesías. Encargando seriamente a Jacob que tomara una esposa de Harán en lugar de Canaán, Isaac legó sobre él la bendición de Abraham: *"Y el Dios omnipotente te bendiga, y te haga fructificar y te multiplique, hasta llegar a ser multitud de pueblos; **y te dé la bendición de Abraham**, y a tu descendencia contigo, para que heredes la tierra en que moras, que Dios dio a Abraham". (Génesis 28:3–4)*

Concepto clave

Dios cumple Su voluntad a pesar de las acciones imperfectas de los hombres.

Lectura preliminar — Antes de comenzar esta parte de la lección, favor de leer **Génesis 28:10–22** en su Biblia.

El sueño de Jacob en Betel

Huyendo para salvar su vida, Jacob comenzó su viaje hacia Harán. Aunque con deshonestidad, había logrado adquirir la bendición familiar y al final había ganado el favor de su padre. Pero la amenaza de la venganza de Esaú aún pendía sobre él y era un miedo que perduraría por décadas.

Al ponerse el sol, Jacob llegó a un lugar que los canaanitas llamaban Luz. Sin duda agotado, arregló una cama de piedras y se durmió. La Escritura revela más tarde que en ese momento, Jacob no tenía nada más que la ropa que traía puesta y su bastón. Estaba solo en el desierto, exiliado de su hogar. Aquí, en este momento oscuro, Dios escogió revelarse a Sí Mismo a Jacob. *"Y soñó: y he aquí una escalera que estaba apoyada en tierra, y su extremo tocaba en el cielo; y he aquí ángeles de Dios que subían y descendían por ella. Y he aquí, Jehová estaba en lo alto de ella, el cual dijo: Yo soy Jehová, el Dios de Abraham tu padre, y el Dios de Isaac; la tierra en que estás acostado te la daré a ti y a tu descendencia. Será tu descendencia como el polvo de la tierra, y te extenderás al occidente, al oriente, al norte y al sur; **y todas las familias de la tierra serán benditas en ti y en tu simiente**. He aquí, yo estoy contigo, y te guardaré por dondequiera que fueres, y volveré a traerte a esta tierra; porque no te dejaré hasta que haya hecho lo que te he dicho". (Génesis 28:12–15)*

Cuando terminó el sueño, Jacob despertó y se dio cuenta de que Dios se le había aparecido. Su reacción fue la típica de un pecador que se ha encontrado con el Dios Viviente por primera vez: tuvo miedo. Definitivamente que este fue el momento decisivo en la vida de Jacob. Sabiamente respondió al llamado de Dios e hizo voto de obediencia. *"E hizo Jacob voto, diciendo: Si fuere Dios conmigo, y me guardare en este viaje en que voy, y me diere pan para comer y vestido para vestir, y si volviere en paz a casa de mi padre, Jehová será mi Dios"*. *(Génesis 28:20–21)*

La Biblia dice

"El temor de Jehová es el principio de la sabiduría, Y el conocimiento del Santísimo es la inteligencia". (Proverbios 9:10)

Exploración de la Biblia

El foco principal de la visión de Jacob en Betel fue transferir las promesas Abrahámicas. Aunque Jacob recibió esta bendición oralmente de su padre, era necesario que Dios Mismo confirmara a Jacob como el próximo heredero del pacto como lo hizo con Abraham e Isaac. Pero, ¿cuál es el significado de la escalera que alcanzaba hasta al cielo que vio Jacob? En Juan 1:51, Jesús hace esta declaración: *"De cierto, de cierto os digo: De aquí adelante veréis el cielo abierto, y a los ángeles de Dios que suben y descienden sobre el Hijo del Hombre"*.

Antes de la muerte y resurrección de Cristo, el hombre estaba separado de Dios a causa del pecado. Como hombre, Jesús venció al pecado y a la muerte y se convirtió en el Mediador perfecto entre Dios y los hombres, o sea, la escalera por la cual uno puede pasar de la tierra a la presencia de Dios.

Todavía existe la separación entre la tierra y el cielo, pero ahora hay un camino, una "escalera" que cruza el abismo. Jesucristo es ese camino, el único camino. En Juan 14:6 Jesús declara: *"Yo soy el camino, y la verdad, y la vida; nadie viene al Padre, sino por mí"*. Y en 1 Timoteo 2:5 Pablo declara: *"Porque hay un solo Dios, y un solo mediador entre Dios y los hombres, Jesucristo hombre..."*

Concepto clave

Cristo es el Mediador perfecto entre Dios y los hombres, o sea, la escalera por la cual uno puede pasar de la tierra a la presencia de Dios.

Lectura preliminar — Antes de comenzar esta parte de la lección, favor de leer **Génesis 29:1–30:24** en su Biblia.

Jacob y Raquel

"Siguió luego Jacob su camino, y fue a la tierra de los orientales". *(Génesis 29:1)* Después de su encuentro con el Señor en Betel, Jacob comenzó a experimentar en su vida los beneficios de la guía divina. Al acercarse a las afueras de Harán, llegó a un pozo donde se reunían varios pastores del barrio para dar de beber a sus ovejas. Mientras Jacob hacía preguntas sobre Labán, una muchacha se acercó al pozo con el rebaño de su familia. Los pastores le informaron a Jacob que ella era Raquel, la hija de Lában. No únicamente Dios había llevado a Jacob directamente a la casa de Labán, sino que hasta a la mujer misma que sería su futura esposa.

"Y Jacob besó a Raquel, y alzó su voz y lloró. Y Jacob dijo a Raquel que él era hermano de su padre, y que era hijo de Rebeca; y ella corrió, y dio las nuevas a su padre". (Génesis 29:11–12) Llevaron a Jacob rápidamente a la casa de Labán, donde le dieron la bienvenida como miembro de la familia. Como era costumbre en el oriente, Jacob permaneció como huésped por muchos días y sin duda hubo mucha celebración e intercambio de noticias acerca de parientes que habían estado separados por tanto tiempo.

Al enterarse de que Jacob tenía la intención de permanecer en Harán, Labán le ofreció empleo y cortésmente le preguntó lo que requeriría como salario. Jacob, ya enamorado de Raquel la hija más joven de Labán, ofreció siete años de servicio a cambio de su mano. Labán estuvo de acuerdo y comenzó el plazo. La Escritura registra que los siete años pasaron como unos pocos días para Jacob debido a su gran amor por Raquel.

Engañan al impostor

A medida que pasaban los años, la bendición de Dios era evidente en la vida de Jacob. La prosperidad le seguía a dondequiera que iba y las penas pasadas se convirtieron en recuerdos lejanos. Ahora brillaba por su ausencia cualquier juicio que Jacob haya esperado por sus pasados pecados de engaño. Dios parecía un filántropo que había olvidado o que ignoraba los antiguos hábitos pecaminosos de Jacob. Pero la Escritura advierte que Dios es santo y no olvida: *"No os engañéis; Dios no puede ser burlado: pues todo lo que el hombre sembrare, eso también segará".* *(Gálatas 6:7)* Aunque el pecado se puede perdonar, siempre trae consecuencias duraderas no únicamente para el pecador, sino también para los que le rodean.

La intención primordial de Dios era bendecir a Jacob, lo que le obligó a enseñarle el valor de la justicia y el peligro del pecado. Plenamente consciente de los defectos de Jacob, Dios había establecido un programa idóneo para perfeccionar su carácter. Por primera vez en su vida, Jacob se enfrentaría a un oponente con todavía menos escrúpulos que él.

Cuando Jacob hubo cumplido los siete años de servicio por Raquel, fue a Labán a pedir su mano en matrimonio. *"Entonces dijo Jacob a Labán: Dame mi mujer, porque mi tiempo se ha cumplido, para unirme a ella. Entonces Labán juntó a todos los varones de aquel lugar, e hizo banquete".* *(Génesis 29:21–22)* Cuando comenzaron las festividades de la boda, Jacob no podía estar más feliz. La mujer que se había convertido en el único foco de su vida estaba a punto de convertirse en su esposa. Finalmente al caer la noche, llegó el momento de la consumación del matrimonio. Jacob entró en su habitación y Lában le trajo a su nueva esposa, cubierto su rostro y preparada para su marido. Y en ese momento de gozo, Jacob el impostor mismo fue engañado.

Llegó la mañana y con ella el horrible descubrimiento que la mujer que había recibido en su habitación débilmente iluminada no había sido Raquel, ¡sino Lea, la hija mayor de Labán! Cuando Jacob confrontó a su suegro acerca de su despreciable engaño,

Labán justificó sus acciones despreocupadamente diciendo que era una diferencia cultural: *"Y Labán respondió: No se hace así en nuestro lugar, que se dé la menor antes de la mayor. Cumple la semana de ésta, y se te dará también la otra [Raquel] por el servicio que hagas conmigo otros siete años. E hizo Jacob así, y cumplió la semana de aquélla; y él le dio a Raquel su hija por mujer".* (Génesis 29:26–28)

Jacob no tuvo más remedio que aceptar la oferta de Labán. El matrimonio con Lea era irreversible y Jacob comenzó su familia con dos esposas: una amada y la otra tolerada. Como revelan los capítulos posteriores, este fue el comienzo de un conflicto duradero en la familia de Jacob alimentado por la rivalidad entre las dos hermanas.

Pero Dios no había terminado con Jacob. Salmos 37:23–24 nos ofrece una idea de los métodos del Señor para con Sus hijos: *"Por Jehová son ordenados los pasos del hombre, Y él aprueba su camino. Cuando el hombre cayere, no quedará postrado, Porque Jehová sostiene su mano".* Dios permitió que Jacob cayera para enseñarle a caminar. *"Porque Jehová al que ama castiga, Como el padre al hijo a quien quiere".* (Proverbios 3:12)

Concepto clave

La guía de Dios no significa la ausencia de sufrimiento. Dios usa la tribulación para enseñar a Sus hijos y para amoldarlos a Su imagen.

Concepto clave

Aunque el pecado se puede perdonar, siempre trae consecuencias duraderas no únicamente para el pecador, sino también para los que le rodean.

La cultura contra la Escritura

A lo largo de la historia, grupos de personas han desarrollado sus propias costumbres y tendencias sociales que con el tiempo se han aceptado como tradición. A pesar del hecho de que muchas tradiciones están arraigadas en simple capricho y preferencia, a menudo sus seguidores las consideran como sagradas. La gente se resiste al cambio y con el paso de las generaciones, muchos llegan a aceptar sus tradiciones como una especie de ley ancestral, o sea, la norma social por la que se rigen.

Lamentablemente, algunas personas suelen aprovecharse de las costumbres de su cultura para obtener su propia ganancia egoísta. Tal fue el error de Labán cuando justificó sus acciones engañosas en el asunto del matrimonio de Jacob con Raquel. Según la cultura de Harán, las hijas mayores se debían casar antes que las menores; Labán tomó ventaja de esto para garantizar siete años más de trabajo a costa de Jacob. Pero la cultura nunca se debe poner por encima de la Biblia, ni se debe usar como excusa para perjudicar a los demás. Si las costumbres o las prácticas sociales violan las Escrituras, se deben rechazar a favor de los propios valores de justicia de Dios. Se presenta la descripción de Jesús de los fariseos en Mateo 15:9 como una sobria advertencia a todos los que pondrían la cultura por encima de la Palabra de Dios: *"Pues en vano me honran, Enseñando como doctrinas, mandamientos de hombres"*.

Concepto clave

La cultura nunca es un pretexto para el pecado.

La familia de Jacob

Cuando Dios diseñó el matrimonio, planeó que un hombre se uniera a una mujer y que su unión únicamente fuera separada por la muerte. (Vea Génesis 2:24) El deseo máximo de toda mujer casada es que su esposo la ame por sobre todo. No debe sorprender que que el mandato principal dado en la Escritura a los maridos con respecto a sus esposas sea que las amen. *"Maridos, amad a vuestras mujeres, así como Cristo amó a la iglesia, y se entregó a sí mismo por ella..." (Efesios 5:25)* Como Jacob y su familia lo vivieron con demasiada claridad, ningún hombre puede amar a más de una mujer de esa manera. Lea sabía desde el principio que ella era la segunda de Rachel. *"Y se llegó [Jacob] también a Raquel, y la amó también más que a Lea..." (Génesis 29:30)*

"Y vio Jehová que Lea era menospreciada, y le dio hijos; pero Raquel era estéril. Y concibió Lea, y dio a luz un hijo, y llamó su nombre Rubén ["ved, un hijo"], porque dijo: Ha mirado Jehová mi aflicción; ahora, por tanto, me amará mi marido". (Génesis 29:31–32)

Lea y Raquel

En corto tiempo, Lea dio a Jacob un segundo hijo, Simeón y más tarde Leví y Judá. Incapaz de concebir, Raquel se desesperó por mantener su valor ante los ojos de su marido. *"Viendo Raquel que no daba hijos a Jacob, tuvo envidia de su hermana, y decía a Jacob: Dame hijos, o si no, me muero... He aquí mi sierva Bilha; llégate a ella, y dará a luz sobre mis rodillas, y yo también tendré hijos de ella. Así le dio a Bilha su sierva por mujer; y Jacob se llegó a ella". (Génesis 30:1, 3–4)*

Bilha concibió y dio a luz a Dan, que se consideró como hijo de Raquel. Cuando Bilha dio a luz a Neftalí su segundo hijo, Lea no había concebido por muchos meses y se empezaba a preocupar. Siguiendo los pasos de su hermana, Lea también le dio su sierva Zilpa a Jacob. En lugar de Lea, Zilpa le dio dos hijos a Jacob: Gad y Aser.

Esta competencia entre Lea y Raquel continuó a lo largo de muchos años y como resultado, la familia de Jacob creció rápidamente. Sin embargo, Raquel continuó suplicando a Dios que pudiera concebir sus propios hijos. Finalmente llegó el día en que Dios contestó a sus oraciones. *"Y se acordó Dios de Raquel, y la oyó Dios, y le concedió hijos. Y concibió, y dio a luz un hijo, y dijo: Dios ha quitado mi afrenta; y llamó su nombre José ["Él añade"]...".* (*Génesis 30:22-24*) Raquel nunca se imaginó que años más tarde, este niño liberaría de una gran hambruna no únicamente a Israel, sino también a la mayor parte del mundo entonces conocido.

Lectura preliminar — Antes de comenzar esta parte de la lección, favor de leer **Génesis 30:25-43** en su Biblia.

El acuerdo de Jacob con Labán

Después del nacimiento de José, Jacob fue a Labán y expresó su deseo de regresar a su tierra natal. Presuntamente este era el día en que Jacob había cumplido su segundo término de siete años al servicio de Labán. En el curso de estos catorce años, Jacob y Labán habían aprendido mucho uno del otro. Jacob había llegado a desconfiar de su suegro, mientras que Labán había visto que sin lugar a dudas, la bendición de Dios estaba sobre Jacob y todos los que lo rodeaban. Renuente a dejar ir al que había aumentado tanto su riqueza, Labán imploró a Jacob que se quedara. *"Y Labán le respondió: Halle yo ahora gracia en tus ojos, y quédate; he experimentado que Jehová me ha bendecido por tu causa".* (*Génesis 30:27*)

Aunque ambos hombres entendían que la bendición de Dios sobre la casa de Labán se atribuía a la presencia de Jacob, él no había recibido ninguna de esta ganancia monetaria. Debido a la deshonestidad de Labán, había obligado a Jacob a trabajar catorce años por sus dos esposas y por lo tanto, no tenía posesiones materiales significativas a su nombre. Su insatisfacción se siente en su respuesta: *"... y ahora, ¿cuándo trabajaré también por mi propia casa?"* (*Génesis 30:30*) Reconociendo que ya era hora de pagarle a Jacob, Labán respondió: *"¿Qué te daré?"* (*Génesis 30:31*) El acuerdo que siguió es uno de los más extraños, mas sin embargo, uno de los acuerdos comerciales más lucrativos en la historia.

Jacob sorprendió a Labán al aceptar no únicamente quedarse en Harán, sino también al no aceptar pago inmediato. Sin duda Labán esperaba que su yerno exigiera un porcentaje del ganado y de la servidumbre. En cambio, le tomó por sorpresa la petición aparentemente modesta de Jacob: *"... Y respondió Jacob: No me des nada; si hicieres por mí esto, volveré a apacentar tus ovejas. Yo pasaré hoy por todo tu rebaño, poniendo aparte todas las ovejas*

*manchadas y salpicadas de color, y todas las ovejas de color oscuro,
y las manchadas y salpicadas de color entre las cabras; y esto será
mi salario". (Génesis 30:31–32)*

Parece ser que había un rasgo de color particular en el ganado
de Labán que le era más deseable - tal vez el blanco sólido.
Probablemente como resultado de muchos años de reproducción
selectiva, estos animales eran ahora la mayoría. Aprovechando
tanto la preferencia de Labán y su conocimiento avanzado
acerca de la herencia, Jacob propuso que su salario consistiera
únicamente de las futuras crías que tuvieran los rasgos de color
menos deseables; las manchadas, salpicadas de color y rayadas y
así sucesivamente. *"Así responderá por mí mi honradez mañana,
cuando vengas a reconocer mi salario; toda la que no fuere pintada
ni manchada en las cabras, y de color oscuro entre mis ovejas,
se me ha de tener como de hurto". (Génesis 30:33)* Hasta ahora,
todo el ganado de cualquier color pertenecía solamente a Labán.
Como prueba de su propia honestidad, Jacob ahora propuso
que su futuro rebaño estaría separado siempre del de Labán. La
verificación sería simple: cualquier animal que se encontrara

Ovejas de Jacob modernas

entre el rebaño de Jacob que no coincidiera con la descripción que acordaron, sería considerado como propiedad robada.

Labán accedió inmediatamente a la propuesta de Jacob, con una excepción: él, y no Jacob, separaría el ganado manchado, salpicado de color y rayado y lo pondría bajo el cuidado a sus propios hijos. *"Dijo entonces Labán: Mira, sea como tú dices. Y Labán apartó aquel día los machos cabríos manchados y rayados, y todas las cabras manchadas y salpicadas de color, y toda aquella que tenía en sí algo de blanco, y todas las de color oscuro entre las ovejas, y las puso en mano de sus hijos. Y puso tres días de camino entre sí y Jacob; y Jacob apacentaba las otras ovejas de Labán".* (Génesis 30:34–36) Como veremos, esta acción por parte de Labán es una indicación clara de que tanto él como Jacob tenían conocimiento de la herencia y las técnicas de reproducción selectiva. Sin embargo, la habilidad de Jacob en estas áreas probaría ser muy superior.

La confianza de Jacob en la promesa de Dios

Durante sus largos años al servicio de Labán, Jacob no únicamente adquirió experiencia valiosa como reproductor de ganado, sino que también desarrolló una relación más cercana con Dios. Aunque el acuerdo final de Jacob con Labán fue astuto, su éxito no fue debido al ingenio de Jacob, sino a su confianza en la promesa que Dios le había hecho muchos años antes. Dios se le había aparecido a Jacob en Betel y lo había declarado como el siguiente heredero del Pacto Abrahámico. *"Yo soy Jehová, el Dios de Abraham tu padre, y el Dios de Isaac; la tierra en que estás acostado te la daré a ti y a tu descendencia ... He aquí, yo estoy contigo, y te guardaré por dondequiera que fueres, y volveré a traerte a esta tierra; porque no te dejaré hasta que haya hecho lo que te he dicho". (Génesis 28:13, 15)* Ahora, catorce años más tarde, Jacob confiaba en esta promesa como su base para el éxito futuro.

Confiado en sus habilidades de criador y lleno de fe que Dios

lo protegería y lo bendeciría, Jacob comenzó a implementar su plan. Su objetivo era claro: partiendo de animales blancos sólidos, producir animales manchados, salpicados de color y rayados. *"Tomó luego Jacob varas verdes de álamo, de avellano y de castaño, y descortezó en ellas mondaduras blancas, descubriendo así lo blanco de las varas. Y puso las varas que había mondado delante del ganado, en los canales de los abrevaderos del agua donde venían a beber las ovejas, las cuales procreaban cuando venían a beber. Así concebían las ovejas delante de las varas; y parían borregos listados, pintados y salpicados de diversos colores".* (Génesis 30:37–39)

Las varas de Jacob: ¿ciencia o superstición?

Muchos críticos de la Biblia censuran la exactitud de las Escrituras al afirmar que en realidad, Jacob estaba empleando un método supersticioso, comúnmente conocido como influencia prenatal, al colocar las varas talladas en el agua del rebaño. La influencia prenatal es la creencia de que los rasgos físicos de los no nacidos se pueden manipular al estimular visualmente a las hembras durante el embarazo. La suposición es que en lo que la madre embarazada se enfoca visualmente, afecta directamente la apariencia física de su descendencia. Históricamente, la creencia general en la influencia prenatal ha sido ampliamente conocida, aunque hoy en día la ciencia ha refutado esta teoría claramente. A pesar de las indicaciones Bíblicas de lo contrario, muchos eruditos de la Biblia aún concluyen que eso es lo que Jacob intentaba hacer. Han sugerido que sin saber nada de la genética moderna, Jacob se basaba en mito y en fantasía para lograr sus objetivos. Según la Palabra de Dios, es todo lo contrario. La lectura atenta de Génesis 30:25-43, junto con una comprensión básica de la herencia y las técnicas de reproducción, revelan el conocimiento avanzado de Jacob de la genética y demuestra aún más lo absurdo de asumir que Jacob se basó en la influencia prenatal de alguna forma.

La reproducción selectiva

Durante miles de años, los criadores de diversos tipos de animales han preferido ciertos rasgos físicos más que otros. El color de la piel, el color de los ojos, la estructura facial y otros rasgos han sido manipulados con éxito al usar un método científico establecido que se conoce como reproducción selectiva. Mucho antes del descubrimiento del ADN, los criadores observaron que algunos animales tienen la capacidad de transmitir a sus hijos rasgos físicos que son distintos de los que se manifiestan en su propia fisiología. Otros animales, que llaman a menudo purasangre, siempre producen descendientes cuyos rasgos físicos son consistentes con los de los padres. Sucesos similares se observan comúnmente en las personas. Por ejemplo, mientras que los padres de ojos oscuros generalmente tienen hijos con ojos oscuros, de vez en cuando, algunos pueden producir un hijo con ojos azules. Este fenómeno que se conoce como herencia genética, se documentó por primera vez en la segunda mitad del siglo XIX por el fraile agustino, Gregor Mendel, que se considera el padre de la genética moderna. Mendel llevó a cabo experimentos con plantas de chícharos y notó que al cruzar ciertas plantas, él podía pronosticar el color y la forma de su descendencia. También notó que algunos rasgos dominan a los demás consistentemente, lo que le llevó a entender que las plantas y los animales, a menudo llevan rasgos ocultos o recesivos que no son visibles exteriormente en su composición física. Estos rasgos recesivos pueden reaparecer en las generaciones futuras.

Gregor Mendel
1822–1894

Durante sus experimentos, Mendel produjo decenas de miles de plantas de chícharos y documentó cuidadosamente el color y la forma que se manifestaban en cada generación. Lo que vio, lo llevó a teorizar que los genes se pueden emparejar de tres maneras diferentes por cada rasgo: AA, aa y Aa. La "A" mayúscula representa el factor dominante y la "a" minúscula representa el recesivo. Se dice que una planta o animal que lleva un solo tipo de rasgo (ya sea AA o aa) es homocigótico o de raza pura, mientras que un portador de dos rasgos diferentes (Aa) es heterocigótico o híbrido. La importancia de esta distinción se observa en el hecho de que, mientras un homocigoto siempre transmitirá el mismo rasgo, un heterocigoto puede pasar uno u otro, dando como resultado descendencia que manifiesta rasgos físicos no visibles en sus padres. Esta relación fascinante se ilustra a menudo en un diagrama llamado el Cuadro de Punnet.

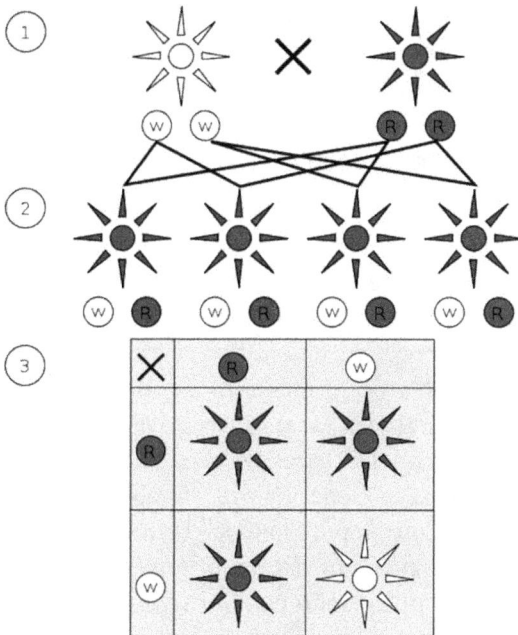

Este conocimiento es vital para los criadores que estén interesados en manipular los rasgos físicos de sus animales. Un criador detallista observará que diferentes animales tienen la capacidad de transmitir diferentes rasgos, lo cual le permite producir resultados predecibles mediante la selección selectiva de ciertas combinaciones de machos y hembras.

Aunque ignorantes en cuanto a sus puntos más sutiles de la microbiología, muchos criadores antiguos como Jacob, aprendieron las bases de la herencia genética y usaron el mismo enfoque que Gregor Mendel: la causa y el efecto. Si una cabra blanca, da a luz solamente cabras blancas, mientras que otra cabra blanca, da a luz a cabras manchada u oscura, el criador comienza a notar y a experimentar. Si los resultados se pueden replicar, entonces se postulan algunas leyes. Toda la ciencia se basa en este proceso: la observación, la postulación y finalmente la reproducción. En particular, Jacob y Gregor Mendel llegaron a su interpretación de la herencia genética utilizando medios similares. Ninguno de los dos había visto una hebra de ADN ni había oído términos tales como heterocigotos u homocigotos, pero ambos estaban familiarizados con estos conceptos porque los observaban en la naturaleza.

El disparate de la teoría de la influencia prenatal

Si Jacob logró sus objetivos por medio de la reproducción selectiva, ¿entonces cuál era su propósito de colocar las extrañas varas en los abrevaderos de su rebaño? Como se mencionó anteriormente, muchos alegan que este no era sino un intento supersticioso de producir una influencia prenatal. Sin embargo, ¡ni siquiera una sola vez, la Biblia dice que Jacob haya planeado que su rebaño mirara las varas que puso en su agua! De hecho, sus intenciones con las varas se señalan claramente en dos ocasiones: Primero en Génesis 30:38 y también en Génesis 30:41. *"Y puso las varas que había mondado delante del ganado, en los canales de los abrevaderos del agua donde venían a beber las ovejas, las cuales procreaban cuando venían a beber". (Génesis 30:38)* La palabra procrear en este pasaje se traduce de la palabra hebrea ya-cham, que significa estar en celo. Únicamente dos pasajes de la Escritura usan ya-cham al referirse a animales. El segundo uso en Génesis 31:10 confirma su significado como el periodo de celo el cual ocurre en las hembras animales antes de la inseminación. *"Y sucedió que al tiempo que las ovejas estaban en celo, alcé yo mis ojos y vi en sueños, y he aquí los machos que cubrían a las hembras eran listados, pintados y abigarrados". (Génesis 31:10)*

La meta de Jacob al hacer mondaduras en varas de álamo fresco,

¿Sabía usted?

La savia del árbol consiste de agua, minerales, azúcar y hormonas. Los pueblos antiguos usaban la savia en varias formas como tónicos, medicinas, e incluso hasta como afrodisíacos. Para cosechar la savia, la pulpa del árbol se pone al descubierto y se deja fluir la savia. Incluso hoy en día, la savia todavía se usa en suplementos dietéticos y para fines medicinales.

avellano y castaño, no era proporcionar algún tipo de estímulo visual para el ganado, sino más bien para aplicar productos químicos en el agua que inducirían a las hembras a entrar en celo. Una técnica similar se utiliza comúnmente entre los criadores modernos con el fin de la inducción y sincronización del estro. Un criador moderno lo explica así: "Hoy en día tenemos sustancias similares que vienen en una botella, se inyectan en el animal y son muy eficaces para iniciar el celo. En los rebaños de ganado y de cerdos, es común inyectar a un cierto número de animales que el negocio tiene planeado a reproducirse durante un período de tiempo determinado, de esta manera induce el celo en un momento conveniente para el criador".[1]

Hay unas cuantas referencias en Génesis 30 que han dado lugar a la noción falsa de que Jacob tenía la intención de que sus animales realmente miraran sus varas:

1. *"... descubriendo así lo blanco de las varas". (Génesis 30:37)* Se usa la palabra descubriendo, lo cual lleva a algunos a asumir que involucraba estimulación visual.

2. *"... y ponía con su propio rebaño los listados y todo lo que era oscuro del hato de Labán". (Génesis 30:40)* La frase "ponía con su propio rebaño" es traducido como "ponía los rostros del rebaño hacia" o algo similar en otras versiones de la Biblia y en otros lenguajes y se interpreta erróneamente como que Jacob intentaba dirigir la mirada de algunos de sus animales hacia otros animales.

1. http://farmeruminations.blogspot.com/2007/01/jacobs-breeding-program.html

3. *"... Jacob ponía las varas delante de las ovejas en los abrevaderos, para que concibiesen a la vista de las varas".* (*Génesis 30:41*) La frase "a la vista" puede interpretarse en el sentido de que Jacob quería que las ovejas miraran las varas.

Tras un examen cuidadoso del texto bíblico, las tres interpretaciones erróneas anteriores se consideran evidentemente incorrectas, y aquí se refutan:

1. *"... descubriendo así lo blanco de las varas".* (*Génesis 30:37*) El énfasis aquí no es la apariencia de las varas, sino el poner la pulpa al descubierto. Se decía que las varas eran verdes, es decir, tiernas y recién cortadas. Jacob ponía al descubierto lo blanco de las varas para que la savia se mezclara con el agua.

2. *"... y ponía con su propio rebaño los listados y todo lo que era oscuro del hato de Labán".* (*Génesis 30:40*) La expresión "poner los rostros" está presente en otras traducciones de la Biblia y es lo que significa literalmente en el hebreo original. Debido a esto, la idea prevalente entre los que creen en la teoría de la influencia prenatal, es que Jacob hacía que el ganado blanco mirara (poner los rostros hacia) al ganado de color para que entonces el blanco pariera crías de color. Pero el texto indica que TODO ganado de color que nacía de los rebaños de Labán se convertía en propiedad de Jacob y lo removía. ¿Entonces, dónde estaba ese ganado de color que el ganado blanco de Labán supuestamente debía mirar? Además, dígame por favor, ¿cómo puede un criador voltear las cabezas de cientos de ovejas para mirar a las ovejas de color y luego ordenarles mantener la mirada fija mientras impide simultáneamente que las ovejas de color miren a las ovejas blancas por temor a que produzca el efecto contrario? (Examinaremos el significado Bíblico de la frase "poner los rostros" en la siguiente sección.)

3. *"... Jacob ponía las varas delante de las ovejas en los abrevaderos, para que concibiesen a la vista de las varas".* (*Génesis 30:41*) Aunque aquí se hace referencia directa a la mirada del ganado, el énfasis está en la ubicación de las varas, no en el lugar que miraban los animales. Además, se

sabe a ciencia cierta que las ovejas ven mejor de lado y que no pueden ver objetos directamente en frente de su nariz. Las varas flotando en el agua sucia debajo de la nariz de una oveja que está bebiendo, no están en la mejor posición para que las puedan ver.

"Poner los rostros" — La Biblia se define a Sí Misma

"Y apartaba Jacob los corderos, y ponía con [se traduce también como "poner los rostros del rebaño hacia"] su propio rebaño los listados y todo lo que era oscuro del hato de Labán. Y ponía su hato aparte, y no lo ponía con las ovejas de Labán". (Génesis 30:40) Como vimos anteriormente, la teoría que surge de la expresión "poner los rostros" es que Jacob trataba de dirigir la mirada de los animales de Labán hacia sus rebaños listados.

Sin embargo, rápidamente se derrumba tras un análisis más detallado. ¿Entonces, cuál es la interpretación correcta del versículo? Mientras que los críticos de la Biblia siguen a tientas en el campo de la conjetura, el verdadero estudiante de la Palabra de Dios puede encontrar fácilmente la interpretación correcta.

Una simple búsqueda de la frase "poner el rostro" revela que se trata de una expresión hebrea de uso común que significa fijar el rumbo o dirigir los esfuerzos o intenciones de cierta manera. (Vea Levítico 17:10, 1 Reyes 2:15, Isaías 50:7) Tiene poco que ver con la dirección física de la mirada.

En segundo lugar, en casi todos los casos en que se usan los adjetivos listado, manchado, salpicado, de color y oscuro, los adjetivos modifican a cabras u ovejas. Pero no en este versículo. Génesis 30:40 no dice "ganado listado", únicamente dice "listados". ¿Qué más en los rebaños de Labán podría describirse como listado u oscuro que no fuera el ganado? Queda una conclusión lógica: los rasgos de color recesivos que llevan estos animales en los genotipos. Recuerde que mucho antes de su nuevo arreglo con Labán, Jacob había estado cuidando esas mismas ovejas y sabía muy bien cuáles de ellas habían parido crías de color en el pasado. Debido a su potencial para producir crías con rasgos de color más oscuro, estos animales heterocigotos eran la clave del éxito de Jacob. Indudablemente, dedicó toda su atención a la reproducción de estos heterocigotos hasta que pudiera producir un número significativo de homocigotos machos (de color recesivo). Así, el significado de Génesis 30:40 queda claro: Jacob dirigió el enfoque reproductivo del rebaño de Labán hacia los portadores de los genes de color más oscuro con el propósito de producir estos rasgos en la descendencia.

Resumen de las varas de Jacob

Se han planteado varias teorías en cuanto a la influencia de las varas en el ganado de Jacob. Aunque las Escrituras únicamente registran que usó las varas para inducir a las hembras a entrar en celo, es posible que su efecto haya sido más amplio. Algunos han sugerido que el propósito de Jacob era solamente sincronizar el período de celo en sus rebaños, mientras que otros especulan que los productos químicos que contenían las varas podrían haber afectado la presión sanguínea de los animales o hasta el desarrollo mismo del embrión. La conclusión es que el Autor de esta historia ha documentado únicamente los detalles que Él consideró ser significativos. En resumen, hay tres cosas que se derivan claramente del relato de las varas de Jacob:

1.   Jacob entendía y aplicaba técnicas selectivas de reproducción para lograr sus objetivos. (Vea Génesis 30:35, 40)

2.   El propósito de Jacob al colocar las varas talladas en el agua de los animales era causar que entraran en celo al mezclar productos químicos en su agua de beber. (Vea Génesis 30:38)

3.   El éxito definitivo de Jacob en acumular posesiones materiales se atribuye a la bendición sobrenatural de Dios. (Vea Génesis 31:7–9)

Concepto clave

La verdadera ciencia siempre apoya la exactitud de la Escritura. Históricamente, cuando la ciencia ha estado en desacuerdo con la Biblia, siempre ha sido debido a una deficiencia en el entendimiento científico y no ha sido debido a un error en la Palabra de Dios.

Dios bendice a Jacob

A medida que destetaban cada nuevo cordero, se clasificaba en su propio grupo basado en el color: el blanco se quedaba en los rebaños de Labán, pero los manchados y salpicados se separaban para Jacob. Al principio, tales crías de color sin duda eran la minoría. Sin embargo, con el tiempo comenzó a crecer el pequeño rebaño de Jacob. Un ganadero moderno describe el proceso de esta manera: "El primer par de años deben haber sido muy lentos y frustrantes porque nació únicamente un pequeño número de animales de color. Pero cuando Jacob empezó a tener a algunos machos de color en el rebaño, empezó a cruzar a todos los mejores animales con machos que eran dominantes de color. Esto aumentó drásticamente el número de animales de color en el rebaño".[2]

"Y se enriqueció el varón [Jacob] muchísimo, y tuvo muchas ovejas, y siervas y siervos, y camellos y asnos". (*Génesis 30:43*) Con el tiempo, Labán notó la creciente riqueza de Jacob y trató de sabotear su éxito cambiando su salario. Las Escrituras registran que lo hizo diez veces, tratando desvergonzadamente de retener las ganancias legítimas de Jacob. Fiel a su Palabra, Dios intervino y frustró la vergonzosa artimaña de Labán. Más tarde, Jacob confió esas cosas a sus esposas Rachel y Lea. "... *y vuestro padre me ha engañado, y me ha cambiado el salario diez veces; pero Dios no le ha permitido que me hiciese mal. Si él decía así: Los pintados serán*

---

2. http://farmeruminations.blogspot.com/2007/01/jacobs-breeding-program.html

tu salario, entonces todas las ovejas parían pintados; y si decía así: Los listados serán tu salario; entonces todas las ovejas parían listados. Así quitó Dios el ganado de vuestro padre, y me lo dio a mí". (*Génesis 31:7-9*) Jacob había iniciado su nuevo acuerdo con Labán honestamente y usó su conocimiento como criador para aumentar su riqueza a pesar de que parecía imposible. Pero ni el criador más hábil podría haber producido resultados tan espectaculares ante los engaños de Labán. Nada menos que la mano sobrenatural de Dios fue la fuente del éxito de Jacob.

La Biblia advierte en Proverbios 13:22: *"... la riqueza del pecador está guardada para el justo".* Por años, Labán había acaparado para sí mismo las generosas bendiciones materiales de Dios y había causado deliberadamente que Jacob subsistiera en comparativa pobreza. Labán poco se podía imaginar que de hecho, durante esos años de prosperidad, sus esfuerzos estaban multiplicando bienes que Dios le quitaría más tarde para dárselos a Jacob.

Conclusión

Cuando Jacob llegó a Harán, era un impostor, exiliado de su casa y poseía únicamente la ropa que llevaba puesta y el bastón que traía. Años más tarde, cuando se preparaba para regresar a Canaán, se había convertido en uno de los hombres más ricos de la región. Tan espectacular fue el éxito de Jacob, que los de a su alrededor vieron claramente la mano providencial de la bendición de Dios en todo lo que hacía. Aunque ciertamente una señal externa del favor de Dios, la prosperidad de Jacob no fue su mayor ganancia. Como su abuelo Abraham, Jacob había aprendido a buscar algo superior a un tesoro terrenal: aprendió a creerle a Dios. Antes de huir a Harán, Jacob había oído a su padre Isaac hablar mucho de Dios. Por su propia admisión, había llegado a reconocer la existencia de Dios. Pero no fue hasta una noche solitaria en Betel, sin un quinto y fugitivo, que Jacob creyó a Dios por primera vez en su vida. *"... sin fe es imposible agradar a Dios; porque es necesario que el que se acerca a Dios crea que le hay, y que es galardonador de los que le buscan". (Hebreos 11:6)*

Antes de continuar con la siguiente lección, por favor responda todas las preguntas de la siguiente sección. Si lo prefiere, puede descargar un folleto imprimible y una guía de respuesta de nuestra página:

www.getbiblefirst.com/es/downloads

Q&A

1. ¿Por qué escogió Dios a Jacob para ser el próximo heredero de las promesas de Abraham? Porque Dios _____ en el futuro de _____ y vio el hombre en el que se _____

2. 2. Complete la oración. Como el primogénito de Isaac, Esaú tenía derecho a privilegios especiales, estatus y ganancia monetaria. Esta herencia se conocía como la _____.

3. 3. ¿Qué le pidió Isaac a Esaú específicamente que preparara el día que tenía planeado bendecirle? Un _____

4. 4. ¿Quién ideó el plan que hizo posible que Jacob le robara la bendición a Esaú? _____

5. 5. ¿Qué puso Rebeca sobre las manos de Jacob para engañar a Isaac? _____ de _____

    _____

6. Jacob obtuvo la bendición familiar engañando a su padre Isaac. ¿Cuáles de las siguientes declaraciones estaban incluidas en esa bendición? Marque la respuesta correcta - rocío del cielo

    ❑ rocío del cielo

    ❑ grosuras de la tierra

    ❑ trigo y mosto

    ❑ sírvante pueblos

    ❑ naciones se inclinen a ti

    ❑ se señor de tus hermanos

    ❑ se inclinen ante ti los hijos de tu madre

    ❑ malditos los que te maldijeren

    ❑ benditos los que te bendijeren

    ❑ todo lo anterior

7. Según Génesis 28:3-4, cuando Isaac le ordenó a Jacob que se fuera a Harán, ¿cuál fue la bendición que se pasó de padre a hijo?

    La _____ de _____

8. ¿Cuál fue la reacción de Jacob cuando despertó de su sueño y se dio cuenta que Dios se le había aparecido? La típica de un _____ que se encuentra con _____ por primera vez

9. Complete la siguiente oración. El foco principal de la visión de Jacob en Betel fue confirmar a _____ como el próximo _____ del _____.

10. Llene los espacios en blanco. Como hombre, Jesús venció al _____ y a la _____ y se convirtió en el _____ perfecto entre Dios y los hombres, o sea, la_____ por la cual uno puede pasar de la tierra a la presencia de _____.

11. Llene los espacios en blanco. En Juan 14:6, Jesús declara: "Yo soy el_____, y la _____, y la _____; nadie viene al Padre sino por _____."

12. ¿Cuántos años le ofreció Jacob servir a Labán por Raquel? _____

13. Llene los espacios en blanco. "No os_____. Dios no puede ser _____: pues todo lo que el hombre_____, eso también _____. (Gálatas 6:7)

14. ¿Cómo engañó Labán a Jacob en su noche de bodas? Labán sustituyó a _____ por _____.

15. Llene los espacios en blanco. "Porque Jehová al que _____ _____, como el padre al hijo a quien _____." (Proverbios 3:12)

16. ¿Cuál es uno de los métodos comunes que Dios usa para enseñar a Sus hijos y amoldarlos a Su imagen?

La _____

17. Según Efesios 5:25, ¿cuál es el mandamiento principal dado en la Escritura a los maridos con respecto a su esposa?

    Que la _____

18. ¿Por qué Labán estaba renuente a dejar ir a Jacob?

    Porque _____ lo _____ por su causa.

19. Llene los espacios en blanco. Aprovechándose tanto de la preferencia de Labán como de su propio conocimiento avanzado de la herencia, Jacob propuso que su salario consistiera solamente de las futuras ovejas que fueran _____ y salpicadas de _____ y las de color _____ Y las cabras _____ y _____ de color.

20. Llene los espacios en blanco. La _____ _____ es la creencia de que los rasgos físicos de los no nacidos se pueden manipular al proveer estimulación visual apropiada a las hembras durante el embarazo.

21. ¿Cuál es el significado Bíblico correcto de la frase hebrea "poner el rostro"?

    Fijar el _____ o dirigir los _____ o _____ de cierta manera.

22. Verdadero o falso. La verdadera ciencia siempre apoyará la exactitud de la Escritura. Marque la respuesta correcta

    ❑ Verdadero   ❑ Falso

23. ¿Qué le cambió Labán desvergonzadamente diez veces cuando notó cómo aumentaba la riqueza de Jacob? El

    _____.

24. ¿Al final, a quién le atribuyó Jacob el éxito que tuvo en la reproducción de los rebaños?

    A _____

25. ¿Cuál fue lo más importante que aprendió Jacob en el tiempo que pasó con Labán? A _____ a

    _____

26. Llene los espacios en blanco. "Sin _____ es imposible agradar a Dios; porque es necesario que el que se acerca a Dios _____ que le hay, y que es _____ de los que le _____." (Hebreos 11:6)

La Biblia sobre todo™

Jacob, parte 2

Cómo completar esta lección

1. Lea la lección.
*Mientras lea, asegúrese de anotar cualquier comentario o preguntas que tenga. Tenga su Biblia Reina Valera a la mano para buscar pasajes a medida que avance. **Es muy importante.***

2. Conteste las preguntas.
Las encontrará en la sección de Preguntas y Respuestas al final de cada lección. Le recomendamos que escriba sus respuestas en el folleto* correspondiente de preguntas y respuestas que puede descargar de nuestra página.

3. Verifique su trabajo.
Una vez que haya completado el folleto de preguntas y respuestas, verifique sus respuestas con las que se encuentran en la guía de respuestas* para esta lección.

¿Está estudiando con un tutor?
Si un tutor de la Biblia sobre todo le dio este libro, asegúrese de informarle una vez que complete esta lección. De esta manera, usted puede compartir su trabajo de la sección de preguntas y respuestas y comentar sobre lo que ha aprendido antes de continuar a la siguiente lección.

*Disponible en www.getbiblefirst.com/es/downloads

Resumen de la lección

- Jacob se marcha de con Labán
- El misterioso contrincante
- La reunión de Jacob con Esaú
- La matanza de Siquem
- Los doce hijos de Jacob

Introducción

Durante los últimos seis años de Jacob en Harán, su riqueza aumentó enormemente mientras Dios bendecía constantemente a los rebaños a su cargo. Aunque había sufrido cruel engaño por parte de su suegro, Dios protegió a Jacob y moldeó su carácter y continuó cumpliendo la promesa dada a Abraham tantos años antes: *"Y haré de ti una nación grande, y te bendeciré, y engrandeceré tu nombre, y serás bendición".* (Génesis 12:2) Después de que Jacob había trabajado veinte largos años al servicio de Labán, ahora Dios se estaba preparando para llevarlo de regreso a su tierra natal.

Lectura preliminar — Antes de comenzar esta parte de la lección, favor de leer **Génesis 31** en su Biblia.

Jacob huye de Labán

Seis años después de que Jacob y Labán hicieran su último acuerdo de negocios, Labán estaba desesperado. En diez ocasiones diferentes, había cambiado de opinión acerca de qué color de ganado sería el salario de Jacob. Pero cada vez que anunciaba un color diferente como salario, el ganado empezaba a parir animales de ese mismo color. Corrían rumores entre los hijos de Labán de que Jacob había engañado a su padre y le había quitado sus rebaños. *"Miraba también Jacob el semblante de Labán, y veía que no era para con él como había sido antes".* *(Génesis 31:2)*

Tan pronto como esta controversia empezó a infiltrarse en la familia, Dios claramente le ordenó a Jacob que regresara a casa. *"También Jehová dijo a Jacob: Vuélvete a la tierra de tus padres, y a tu parentela, y yo estaré contigo".* *(Génesis 31:3)* Entonces Jacob llamó a sus dos esposas Raquel y Lea y les contó cómo Dios lo había bendecido a propósito a pesar de su padre. *"... y vuestro padre me ha engañado, y me ha cambiado el salario diez veces; pero Dios no le ha permitido que me hiciese mal. Si él decía así: Los pintados serán tu salario, entonces todas las ovejas parían pintados; y si decía así: Los listados serán tu salario; entonces todas las ovejas parían listados. Así quitó Dios el ganado de vuestro padre, y me lo dio a mí... Y me dijo el ángel de Dios en sueños: Jacob. Y yo dije: Heme aquí. Y él dijo: Alza ahora tus ojos, y verás que todos los machos que cubren a las hembras son listados, pintados y abigarrados; porque yo he visto todo lo que Labán te ha hecho".* *(Génesis 31:7-9, 11-12)* Aunque algunos han sospechado que los tratos de negocios de Jacob con Labán eran deshonestos, estos versículos confirman que fue la mano de Dios y no la de Jacob la que quitó los rebaños de Labán.

Temiendo que Labán le quitara a sus esposas e hijos, Jacob secretamente reunió a su familia y sus posesiones y huyó. Tres días después, Labán se enteró de la desaparición de su yerno y lo persiguió ardientemente. Mientras que la comitiva de Jacob era forzada a viajar lentamente debido a los niños y el ganado, Labán avanzaba rápidamente y lo alcanzó siete días después. La intención más probable de Labán era hacerle daño a Jacob, pero Dios intervino nuevamente: *"Y vino Dios a Labán arameo en sueños aquella noche, y le dijo: Guárdate que no hables a Jacob descomedidamente"*. *(Génesis 31:24)*

Jacob huye de Labán.

Una de las principales motivaciones por la cual Labán perseguía a Jacob, era que sus dioses del hogar habían desaparecido. Inmediatamente asumió que Jacob era el culpable, sin darse cuenta de que en realidad, su propia hija Raquel era quien los había robado. Estos dioses, llamados terafim, representaban algo más que objetos de culto. Según las leyes de ese tiempo, la posesión de los terafim por un miembro de la familia, podría significar una oportunidad de recibir una porción más grande de la herencia. La probable intención de Rachel era vengarse de su inescrupuloso padre al darle a Jacob los medios de adquirir legalmente gran parte de los bienes de Labán. Comprensiblemente, Labán estaba muy preocupado por recuperar estas valiosas figuras. Expresó su indignación cuando se enfrentó a Jacob y reclamó, "... ¿por qué me hurtaste mis dioses?" (Génesis 31:30) Asombrado ante esta acusación e ignorando la participación de Raquel, respondió: "Aquel en cuyo poder hallares tus dioses, no viva;" (Génesis 31:32) Labán procedió a realizar una búsqueda minuciosa de todos los bienes de Jacob, pero fue en vano. Rachel había escondido a los dioses y los había ocultado hábilmente de su padre.

Al final, Labán y Jacob se separaron pacíficamente, habiendo erigido un montón de piedras como símbolo de su tregua. *"Dijo más Labán a Jacob: He aquí este majano, y he aquí esta señal, que he erigido entre tú y yo. Testigo sea este majano, y testigo sea esta señal, que ni yo pasaré de este majano contra ti, ni tú pasarás de este majano ni de esta señal contra mí, para mal. El Dios de Abraham y el Dios de Nacor juzgue entre nosotros, el Dios de sus padres. Y Jacob juró por aquel a quien temía Isaac su padre".* (Génesis 31:51–53)

Característica Histórica

Los terafim eran figuras elaboradas en forma humana hechas de madera, arcilla o metales preciosos, generalmente entre 7 y 8 centímetros de tamaño. Los arqueólogos han desenterrado gran número de estas estatuillas de los sitios de excavación del Oriente Medio.

Los terafim representaban a deidades masculinas o femeninas y se utilizaban como objetos de culto o se llevaban como emblema de buena suerte. La mayoría de los terafim personificaban a diosas femeninas desnudas y se creía que fomentaban la fertilidad. Esta podría ser otra explicación del por qué los quería Rachel particularmente.

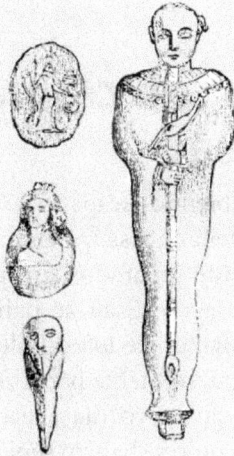

Los escritos cuneiformes de la antigua ciudad de Nuzi en Mesopotamia, explican que los terafim se dejaban en herencia a los hijos de la familia después de la muerte del padre. Los hermanos de Raquel habrían sido los herederos legítimos de estos dioses si Raquel no se los hubiera robado a Labán.

Aunque los eruditos continúan discutiendo la naturaleza y el propósito de los terafim en el mundo antiguo, Jacob reconocía que estos dioses falsos eran una afrenta al Dios Único y Verdadero. Más tarde, mientras se preparaba para ir a Betel y construir un altar a Dios, Jacob instruyó a su familia: *"Quitad los dioses ajenos que hay entre vosotros, y limpiaos..." (Génesis 35:2)*

Lectura preliminar — Antes de comenzar esta parte de la lección, favor de leer **Génesis 32** en su Biblia.

Jacob clama por liberación de Esaú

Habiendo escapado de Labán, Jacob ahora enfrentaba una nueva amenaza: Esaú. Durante veinte años los dos hermanos habían vivido separados sin saber el uno del otro. Durante la ausencia de Jacob, Esaú se había contentado con morar en Canaán y disfrutar de los privilegios de la bendición familiar que Jacob supuestamente había robado. Pero ahora Jacob regresaba a casa. Cada nuevo día acercaba su caravana a las tiendas de Esaú. Cuando se habían separado por última vez, durante un ataque de ira Esaú había jurado que mataría a su hermano menor. Ahora, después de una separación tan larga, ¿se habría calmado su ira? ¿Estaría abierto a la reconciliación o estaba listo para atacar? Temiendo por su vida y la vida de sus esposas e hijos, Jacob formuló un plan de acción. *"Y envió Jacob mensajeros delante de sí a Esaú su hermano, a la tierra de Seir, campo de Edom. Y les mandó diciendo: Así diréis a mi señor Esaú: Así dice tu siervo Jacob: Con Labán he morado, y me he detenido hasta ahora; y tengo vacas, asnos, ovejas, y siervos y siervas; y envío a decirlo a mi señor, para hallar gracia en tus ojos".* (Génesis 32:3–5)

Los mensajeros pronto regresaron y trajeron noticias que horrorizaron a Jacob: ¡Esaú venía a encontrarlos con 400 hombres! Seguro de que su hermano tenía la intención de atacar, Jacob dividió la caravana en dos grupos con la esperanza de que si uno era capturado, el otro podría escapar. Entonces hizo lo que todos los hijos de Dios aprenden a hacer en casos de temor y dificultades: clamó a Dios por liberación. *"Y dijo Jacob: Dios de mi padre Abraham, y Dios de mi padre Isaac, Jehová, que me dijiste: Vuélvete a tu tierra y a tu parentela, y yo te haré bien; menor soy que todas las misericordias y que toda la verdad que has usado para con tu siervo; pues con mi cayado pasé este Jordán, y ahora estoy sobre dos campamentos. Líbrame ahora de la mano de mi hermano, de la mano de Esaú, porque le temo; no venga acaso y me hiera la madre con los hijos".* *(Génesis 32:9–11)* Sin tener otro recurso, Jacob se arrojó a las manos de Dios y esperó Su liberación.

La Biblia dice

"Pero los que esperan a Jehová tendrán nuevas fuerzas; levantarán alas como las águilas; correrán, y no se cansarán; caminarán, y no se fatigarán". (Isaías 40:31)

Exploración de la Biblia

Las Escrituras no registran que Dios le haya dado a Jacob una respuesta inmediata a su petición de liberación de Esaú. Mientras que el silencio de Dios puede parecer extraño, situaciones similares se encuentran en toda la Biblia. A menudo, Dios les pide a Sus hijos que esperen Su salvación, que confíen silenciosamente en que Él pelee la batalla en su lugar. *"Estad quietos, y conoced que yo soy Dios; Seré exaltado entre las naciones; enaltecido seré en la tierra". (Salmos 46:10)*

Cientos de años después de la muerte de Jacob, cuando los perseguía el ejército de Egipto, presas del pánico, frenéticamente los israelitas acusaron de incompetencia a su líder Moisés. Pero Moisés les dio esta profunda exhortación: *"... No temáis; estad firmes, y ved la salvación que Jehová hará hoy con vosotros; porque los egipcios que hoy habéis visto, nunca más para siempre los veréis". (Génesis 14:13)* Dios puede destruir fácilmente a cualquier enemigo, prever cualquier necesidad, y eliminar cualquier obstáculo. Puede ser que Su respuesta no sea inmediata, pero es fiel para liberar a los que lo esperan.

La lucha de Jacob a la medianoche

Es improbable que Jacob haya dormido esa noche final antes de su confrontación con Esaú. Después de su desesperada oración a Dios por su liberación, Jacob envió un regalo al frente de la caravana con la esperanza de apaciguar la ira de Esaú. Entonces, habiendo hecho todo lo que pudo para asegurar a su familia durante la noche, Jacob se retiró a un lugar a solas.

Los siguientes versículos revelan otro episodio extraordinario en la vida de Jacob. Su lucha a la medianoche con un misterioso visitante. *"Así se quedó Jacob solo; y luchó con él un varón hasta que rayaba el alba"*. *(Génesis 32:24)* Enfrascado en combate físico, tal vez Jacob pensó que lo había encontrado Esaú o alguno de sus siervos. Ya alerta por el terror, su resistencia debe haber sido frenética. Mientras los dos luchaban en el suelo, Jacob comenzó a dominar a su enemigo y pronto lo abrazó firmemente. Únicamente cuando su oponente lo incapacitó sobrenaturalmente, Jacob se dio cuenta de que no era un hombre común y corriente. *"Y cuando el varón vio que no podía con él, tocó en el sitio del encaje de su muslo [de Jacob], y se descoyuntó el muslo de Jacob mientras con él luchaba. Y dijo [el hombre]: Déjame, porque raya el alba. Y Jacob le respondió: No te dejaré, si no me bendices. Y el varón le dijo: ¿Cuál es tu nombre? Y él respondió: Jacob. Y el varón le dijo: No se dirá más tu nombre Jacob, sino Israel ["el que lucha con Dios", "Dios lucha"]; porque has luchado con Dios y con los hombres, y has vencido"*. *(Génesis 32:25–28)*

Esta no es la primera vez en el Antiguo Testamento que Dios inició un cambio de nombre. Al igual que con Abraham y Sara, Dios le dio a Jacob un nombre nuevo digno del hombre en quien se estaba convirtiendo. En distinto contraste con Jacob que significa *engañador* o *suplantador*, Dios ahora le confirió el distinguido título de Israel, *Príncipe con Dios*.

¿Sabía Usted?

"Por esto no comen los hijos de Israel, hasta hoy día, del tendón que se contrajo, el cual está en el encaje del muslo; porque tocó a Jacob este sitio de su muslo en el tendón que se contrajo". (Génesis 32:32)

La tradición judía afirma que el tendón que se contrajo es en realidad el nervio ciático, la fibra nerviosa más grande que comienza en la parte inferior de la espalda y corre a través de la nalga y continúa hacia abajo por las piernas de los seres humanos y de los animales. La práctica judía de abstenerse de comer los cuartos traseros de los animales donde corre el nervio ciático, no se basa en las leyes dictadas por Moisés, sino en la tradición que se estableció cuando Jacob luchó con Dios. Rabbi Gersion Appel (1916–2008) afirma: "La mayoría de la grasa prohibida y el tendón de la vena del muslo se encuentran en las ancas del animal. Como su extracción es difícil y se debe realizar por alguien altamente calificado, los cuartos traseros no se utilizan como carne kósher en la mayoría de las comunidades judías, excepto donde la carne no se puede obtener fácilmente como en Israel y en algunas comunidades europeas".[1] El comentarista bíblico Robert Jamieson explica: "El tendón se extrae cuidadosamente y donde no hay personas lo suficientemente capacitadas para esa operación, no hacen uso de las patas traseras en lo absoluto".[2]

1. http://www.myjewishlearning.com/article/kosher-slaughtering-an-introduction/3/

2. Jamieson, Fausset, Brown, Commentary on the Whole Bible [Comentario sobre toda la Biblia], Zondervan Publishing House, Grand Rapids Michigan, 1961.

El misterioso contrincante: ángel o Deidad?

Aunque se le llamó "varón", la Escritura deja claro que el oponente de la medianoche de Jacob era más que un ser humano. De hecho, la Biblia se refiere más tarde a este mismo ser como un ángel en Oseas 12:4: *"Venció [Jacob] al ángel, y prevaleció..."* Por otra parte, el relato de Génesis de esta lucha indica que el personaje en cuestión era incluso mayor que un ángel. Jacob concluyó que había encontrado al Señor mismo: *"Y llamó Jacob el nombre de aquel lugar, Peniel ["el rostro de Dios"]; porque dijo: **Vi a Dios cara a cara**, y fue librada mi alma".* (Génesis 32:30)

El incidente en el que Dios se le apareció a Jacob en forma humana no es un hecho aislado. Numerosos pasajes del Antiguo Testamento relatan que Dios se manifestó físicamente a los hombres. Cada uno de estos casos se refiere a Dios específicamente como un Ángel o el Ángel del Señor. Considere los siguientes ejemplos:

- En Génesis 16, la Biblia dice que: *"el ángel de Jehová"* apareció a Agar en el desierto. En el verso 13, al referirse al ángel, la Escritura dice: *"Entonces [Agar] llamó el nombre de **Jehová** que con ella hablaba: **Tú eres Dios** que ve..."*

- En Génesis 48, en las palabras de Jacob mismo al final de su vida, *"... **Dios** en cuya presencia anduvieron mis padres Abraham e Isaac, el **Dios** que me mantiene desde que yo soy hasta este día, el **Ángel** que me liberta de todo mal, bendiga a estos jóvenes..."* (Génesis 48:15–16)

- En Éxodo 3:2 *"el Ángel de Jehová"* apareció a Moisés en una zarza ardiente. Mientras Moisés se acercaba para ver esta misteriosa maravilla, el versículo 4 registra que *"... lo llamó **Dios** de en medio de la zarza..."* donde claramente iguala al ángel con Dios.

- En Jueces 13, *"el ángel de Jehová"* se le apareció a Manoa y a su esposa para anunciar el nacimiento de su hijo Sansón. Después de que el ángel subió en una llama, Manoa temió por sus vidas y dijo: *"... Ciertamente moriremos, porque a **Dios** hemos visto".* Y su mujer le respondió: *"... Si Jehová nos quisiera matar, no aceptaría de nuestras manos el holocausto y la ofrenda..." (Jueces 13:22–23)*

Habiendo establecido que fue el Señor mismo quien luchó con Jacob, surge otra pregunta: ¿Qué propósito tendría Dios al enfrentarse a un hombre en una lucha física? Si la intención de Dios era cambiar el nombre de Jacob, ¿por qué no simplemente anunciarlo? Dios quiso probar a Jacob para ver hasta dónde llegaría para obtener Su favor. La lucha con Dios fue una descripción de gran esfuerzo, perseverancia y anhelo por la bendición de Dios. Jacob respondió al desafío cuando declaró: *"No te dejaré, si no me bendices". (Génesis 32:26)*

La Biblia revela a Dios como un Padre que desea tener comunicación con Sus hijos. Como un niño le pediría a su padre, Dios nos invita a orar, interceder y pedir lo que queramos. La implicación de tal invitación es asombrosa: *podemos acercarnos a Dios con nuestros deseos y prevalecer.* Se puede alterar Su plan de acción; la petición de Sus hijos le puede convencer a Dios de hacer algo diferente de lo que ya tenía planeado. *"La oración eficaz del justo puede mucho". (Santiago 5:16)*

Las Escrituras son claras: Dios quiere que lo involucremos. Quiere que nos acerquemos a Él para hacerle saber nuestras necesidades y deseos, mientras que al mismo tiempo consideramos Su sabiduría. A veces Dios concede las peticiones de Sus hijos, mientras que en otras ocasiones dice que no. Jesucristo demostró el equilibrio perfecto de una petición templada por el reconocimiento de la sabiduría divina de Dios: *"... Padre mío, si es posible, pase de mí esta copa; pero no sea como yo quiero, sino como tú". (Mateo 26:39)*

Concepto clave

La oración no es un ejercicio de introspección religiosa, sino mas bien una búsqueda audaz de convencer a Aquél cuyo poder puede satisfacer cada necesidad.

Jacob se encuentra con Esaú

Finalmente, después de veinte años de separación, los dos hermanos que habían estado distanciados estaban a punto de reunirse. Habiendo hecho lo que pudo para apaciguar la ira de Esaú, la precaución final de Jacob fue dividir a sus esposas e hijos en tres grupos. Colocó a las criadas y sus hijos por delante, seguido por Lea y sus hijos y finalmente Raquel y José. Aunque sin duda estaba honestamente tratando de proteger a sus seres queridos, la imprudente muestra de favoritismo de Jacob no pasó desapercibida para sus hijos mayores. Vieron claramente a quién preferiría rescatar si tuviera que elegir. Años más tarde, su animosidad hacia José se basó en este sentimiento de inferioridad que se fundó en el trato preferencial de Jacob por Raquel y su hijo.

"Alzando Jacob sus ojos, miró, y he aquí venía Esaú, y los cuatrocientos hombres con él..." (Génesis 33:1) Jacob se acercó a Esaú y se inclinó siete veces hacia el suelo. Mientras lo hacía, Esaú corrió a su encuentro y los dos se abrazaron. La amargura, los celos y el miedo que los había separado por tanto tiempo desaparecieron en la alegría de su reunión. Aunque grandemente tranquilizado, Jacob se mantuvo cauteloso e insistió en que Esaú aceptara los regalos de ganado que había enviado antes de su caravana. *"Acepta, te ruego, mi presente que te he traído, porque*

Dios me ha hecho merced, y todo lo que hay aquí es mío. E insistió con él, y Esaú lo tomó". (Génesis 33:11)

Después de su reunión inicial, Esaú volvió a su casa en Seir, mientras que Jacob viajó a Succot donde construyó una casa. Siguió adelante y Jacob llevó a su familia a Siquem. Allí compró un terreno y edificó un altar al Señor.

La Biblia dice

"Cuando los caminos del hombre son agradables a Jehová, Aun a sus enemigos hace estar en paz con él". (Proverbios 16:7)

¿Sabía usted?

Se han encontrado referencias a la costumbre de inclinarse siete veces ante un gobernante en escritos egipcios antiguos que datan hasta el siglo XIV a.C. Como se registra en las tablas de Tell el-Amarna: "Uno que se acercaba a un rey, al hacerlo, siempre se inclinaba siete veces".[3] Esta costumbre era frecuente en las culturas orientales como se ve cuando Jacob se inclinó siete veces ante Esaú. Lo más probable es que Jacob no únicamente reconoció a Esaú como señor de la región, sino que también expresó su renuncia a las posesiones familiares.

---

3. Henry M. Morris, The Genesis Record [La crónica de Génesis], Grand Rapids: Baker Book House, 1976, p.503.

Lectura preliminar — Antes de comenzar esta parte de la lección, favor de leer **Génesis 34** en su Biblia.

La masacre de los siquemitas

Siquem ve a Dina por primera vez.

El asentamiento de Jacob en Siquem marcó el comienzo de una nueva era en su vida. Después de largos años de lucha, había alcanzado por fin dos de sus mayores metas: liberarse de Labán y la reconciliación con Esaú. Tristemente, su estilo de vida tranquila no iba a durar. Dina la hija de Jacob se había convertido en una joven atractiva y cometió el error de mezclarse con los habitantes paganos de la tierra. *"Salió Dina la hija de Lea, la cual ésta había dado a luz a Jacob, a ver a las hijas del país. Y la vio Siquem hijo de Hamor heveo, príncipe de aquella tierra, y la tomó, y se acostó con ella, y la deshonró".* (Génesis 34:1–2)

Cuando Jacob se enteró de la violación de su hija a manos de Siquem, sus hijos estaban en el campo. Por lo tanto, se abstuvo de tomar cualquier acción hasta que regresaron. Aunque ciertamente estaba triste, Jacob sabía que actuar precipitadamente amenazaría la seguridad de la familia. Eran extraños en la región y sería prudente mantener la paz con los hombres de la ciudad de Siquem.

Sin embargo, la terrible noticia pronto llegó a los hijos de Jacob. *"Y los hijos de Jacob vinieron del campo cuando lo supieron; y se entristecieron los varones, y se enojaron mucho, porque hizo [Siquem] vileza en Israel acostándose con la hija de Jacob, lo que no se debía haber hecho".* (Génesis 34:7) Los hermanos de Dina ya habían crecido y se habían convertido en guerreros expertos, endurecidos por largos años custodiando a los rebaños de su padre en los campos abiertos. Determinados a vengar a su hermana, los hijos de Jacob idearon un plan ingenioso que al final costó la vida de cada hombre en la ciudad.

Mientras tanto Siquem se acercó a su padre Hamor y exigió tener a Dina como su esposa. Entonces Hamor vino a Jacob y a sus hijos con una proposición. *"Y Hamor habló con ellos, diciendo: El alma de mi hijo Siquem se ha apegado a vuestra hija; os ruego que se la deis por mujer. Y emparentad con nosotros; dadnos vuestras hijas, y tomad vosotros las nuestras".* (Génesis 34:8–9) A esto, los hijos de Jacob respondieron con aparente consentimiento y añadieron una condición: todos los hombres de la ciudad de Siquem habían de ser circuncidados. *"Pero respondieron los hijos de Jacob a Siquem y a Hamor su padre con palabras engañosas, por cuanto había amancillado a Dina su hermana. Y les dijeron... Mas con esta condición os complaceremos: si habéis de ser como nosotros, que se circuncide entre vosotros todo varón".* (Génesis 34:13–15)

Siquem accedió rápidamente y volvió a casa para presentar este plan a su pueblo. A primera vista esto parecería una propuesta escandalosa para los otros hombres de la ciudad. ¿Deberían someterse a un procedimiento tan doloroso nada más para que Siquem pudiera satisfacer su pasión por Dina? Sin embargo, las Escrituras registran que los hombres acordaron ser circuncidados. La base de su consentimiento se ve en el discurso de Siquem a su pueblo en Génesis 34:23: *"Su ganado, sus bienes y todas sus bestias serán nuestros; solamente convengamos con ellos, y habitarán con nosotros".* El factor decisivo para los siquemitas fue la expansión de su tribu. Al unirse con el pueblo de Israel, las dos naciones se fundirían en una y aumentarían considerablemente su riqueza y su población en general. Esto también aumentaría su fuerza militar y aseguraría una mayor seguridad de la amenaza de las tribus rivales. Así, todos los hombres de la ciudad de Siquem se circuncidaron de acuerdo con el convenio. Poco sabían del horror que pronto vendría sobre ellos.

Mientras tanto, los hijos de Jacob se preparaban para exigir su venganza. Esperaron tres días hasta que todos los hombres se habían sometido a la dolorosa cirugía. Entonces, mientras los siquemitas aún estaban en su estado debilitado, Simeón y Leví vinieron con sus espadas y atacaron la ciudad. Avanzaron con rapidez y sin temor de casa a casa y mataron a cada hombre que encontraron, incluyendo a Siquem y a su padre. Habiendo reducido la ciudad a ruinas, saquearon los restos. *"Tomaron sus ovejas y vacas y sus asnos, y lo que había en la ciudad y en el campo, y todos sus bienes; llevaron cautivos a todos sus niños y sus mujeres, y robaron todo lo que había en casa". (Génesis 34:28–29)*

Cuando Jacob se enteró de la masacre de los siquemitas, tuvo miedo. De seguro que las naciones vecinas escucharían de esta atrocidad e irían a la guerra contra él. Sin embargo sus hijos permanecieron resueltos. La violación no era tolerable y mantenían su creencia de que se había hecho justicia. Pero Dios no estaba complacido con sus acciones.

Dios odia el pecado y ha dejado claro que la paga del pecado es la muerte. Sin duda, Dios sintió repulsión por el abuso de Siquem hacia Dina, pero Dios también es misericordioso y paciente y reserva juicio hasta el día señalado. Sabe que los hombres no son aptos para vengarse de sus semejantes. Dios advierte en Hebreos 10:30: *"Mía es la venganza, yo daré el pago, dice el Señor..."* Santiago 1:19–20 ofrece más advertencia: *"Por esto, mis amados hermanos, todo hombre sea pronto para oír, tardo para hablar, tardo para airarse; porque la ira del hombre no obra la justicia de Dios".* Aunque Siquem era culpable, el resto de los habitantes de la ciudad eran inocentes. Su muerte a manos crueles de Simeón y Leví fue inexcusable.

La historia de Siquem es un serio recordatorio del daño que puede causar el pecado. La insensatez de un hombre resultó en la muerte de decenas de maridos y padres, la esclavitud de sus esposas y el terror de sus hijos pequeños. Es fácil pensar que nuestros actos secretos de injusticia únicamente afectan a nuestra vida personal, pero nunca es así. El pecado es un veneno en cualquier sociedad. Se extiende con determinación incansable y trae dolor y muerte a todo al que toca. *"La justicia engrandece a la nación; Mas el pecado es afrenta de las naciones".* *(Proverbios 14:34)*

La Biblia dice

"Simeón y Leví son hermanos; Armas de iniquidad sus armas. En su consejo no entre mi alma, Ni mi espíritu se junte en su compañía. Porque en su furor mataron hombres, Y en su temeridad desjarretaron toros. Maldito su furor, que fue fiero; Y su ira, que fue dura. Yo los apartaré en Jacob, Y los esparciré en Israel". (Génesis 49:5–7)

Lectura preliminar — Antes de comenzar esta parte de la lección, favor de leer **Génesis 35–36** en su Biblia.

El regreso de Jacob a Betel

Después del desastroso conflicto con los siquemitas, Dios se le apareció a Jacob y le ordenó regresar a Betel. Jacob respondió rápidamente y le ordenó a todos los miembros de su casa que se prepararan empezando por renunciar a su idolatría. *"... Quitad los dioses ajenos que hay entre vosotros, y limpiaos, y mudad vuestros vestidos. Y levantémonos, y subamos a Bet-el; y haré allí altar al Dios que me respondió en el día de mi angustia, y ha estado conmigo en el camino que he andado". (Génesis 35:2–3)*

La guerra que Jacob temía nunca llegó. Una vez más, Dios demostró ser fiel al probar Su dedicación a Su pacto al proteger a la familia de Jacob mientras viajaban. *"Y salieron, y el terror de Dios estuvo sobre las ciudades que había en sus alrededores, y no persiguieron a los hijos de Jacob". (Génesis 35:5)*

Cuando Jacob llegó a Betel, construyó de nuevo un altar y adoró al Señor. *"También le dijo Dios: Yo soy el Dios omnipotente: crece y multiplícate; una nación y conjunto de naciones procederán de ti, y reyes saldrán de tus lomos. La tierra que he dado a Abraham y a Isaac, la daré a ti, y a tu descendencia después de ti daré la tierra". (Génesis 35:11–12)*

Exploración de la Biblia

Betel significa *Casa de Dios*, combinación de las palabras hebreas *bet* (casa) y *el* (Dios). Jacob le dio por primera vez el nombre al lugar después de su memorable sueño en el cual los ángeles ascendían y descendían una escalera hacia el cielo. *Casa de Dios* era un título apropiado para el lugar donde Dios se reveló a Jacob por primera vez.

Aun antes de la época de Jacob, Betel era un lugar notable donde Abraham invocaba el nombre del Señor. Situado aproximadamente a 19 kilómetros al norte de Jerusalén, más tarde se convirtió en el escenario de numerosos eventos del Antiguo Testamento.

El nacimiento de Benjamín

Después de pasar algún tiempo en Betel, Jacob y su familia partieron una vez más y viajaron hacia Efrata. Rachel estaba embarazada en ese momento y antes de que pudieran llegar a su destino, el trabajo de parto comenzó. *"Y aconteció, como había trabajo en su parto, que le dijo la partera: No temas, que también tendrás este hijo. Y aconteció que al salírsele el alma (pues murió), llamó su nombre Benoni ["hijo de mi tristeza"]; mas su padre lo llamó Benjamín ["hijo de la mano derecha"]". (Génesis 35:17–18)*

Invadido con gran tristeza, Jacob enterró a su amada esposa en un lugar remoto llamado Belén cerca de Efrata. Aunque Belén fue para Jacob un lugar de gran pérdida, Dios lo eligió más tarde como el lugar de nacimiento de nuestro Salvador, el Señor Jesucristo. *"Pero tú, Belén Efrata, pequeña para estar entre las familias de Judá, de ti me saldrá el que será Señor en Israel; y sus salidas son desde el principio, desde los días de la eternidad". (Miqueas 5:2)*

Exploración de la Biblia

El nombre hebreo Benoni significa *hijo de mi tristeza* o *hijo de mi dolor*. En el momento de la agonía de Rachel, Benoni parecía un nombre apropiado para su segundo hijo. Pero Jacob, quien reconocía la importancia del significado de un nombre, cambió el nombre del bebé a Benjamín, *hijo de mi mano derecha*. En las Escrituras, la mano derecha o el lado derecho se refieren a la fuerza y el honor.

Las doce tribus de Israel

Benjamín fue el último de los doce hijos de Jacob. Cada uno de estos hombres se convirtió en la cabeza de su propia tribu, quienes formaron colectivamente la nación de Israel. Como revelan los capítulos posteriores de Génesis, estos hombres estaban lejos de ser perfectos. Sin embargo, Dios los usó de maneras milagrosas para avanzar Su reino y finalmente para traer al Mesías al mundo.

Estos son los doce hijos de Israel:

1. Rubén
2. Simeón
3. Leví
4. Judá
5. Dan
6. Neftalí
7. Gad
8. Aser
9. Isacar
10. Zabulón
11. José
12. Benjamín

El doce es un número significativo en la Escritura. Así como Jacob tuvo doce hijos, Jesús escogió a doce discípulos. Un día les hizo esta interesante declaración: *"... De cierto os digo que en la regeneración, cuando el Hijo del Hombre se siente en el trono de su gloria, vosotros que me habéis seguido también os sentaréis sobre doce tronos, para juzgar a las doce tribus de Israel". (Mateo 19:28)*

Una conexión adicional entre las doce tribus de Israel y los doce apóstoles aparece en Apocalipsis donde Dios describe la Nueva Jerusalén, que se convertirá en el centro del reino de Cristo en la tierra. *"Tenía un muro grande y alto con **doce puertas**; y en las puertas, doce ángeles, y **nombres inscritos, que son los de las doce tribus de los hijos de Israel**; al oriente tres puertas; al norte tres puertas; al sur tres puertas; al occidente tres puertas. Y el muro de **la ciudad tenía doce cimientos**, y sobre ellos **los doce nombres de los doce apóstoles** del Cordero". (Apocalipsis 21:12–14)*

Los doce hijos de Jacob se convirtieron en las doce tribus de Israel.

Ismael tuvo doce hijos de los cuales descienden muchos de los pueblos árabes de la actualidad.

Ismael

Jacob

Isaac

Abraham

Good and Evil, No Greater Joy Ministries

Aunque cada uno de los doce hijos de Israel era significativo, unos cuantos usó Dios para propósitos especiales.

Leví

Al final se eligió a los levitas para ser la tribu de los sacerdotes de Dios. Cuando la tierra de Canaán se dividió entre las tribus de Israel, los levitas no recibieron su propio territorio. Los diezmos y las ofrendas de las otras dice tribus los mantenían completamente. Se dedicaban al oficio del sacerdocio e intercedían por sus hermanos ante Dios en el templo.

Judá

A pesar de que fue culpable de muchos actos impíos en su vida, Judá demostró compasión notable por Benjamín su hermano menor. Durante su difícil situación en Egipto, Judá ofreció sacrificarse para rescatar a Benjamín, sabiendo que la muerte de Benjamín significaría también la muerte de su padre. Fue a través de la tribu de Judá que Dios finalmente envió a Su Hijo el Señor Jesús, quien se dio a sí mismo en sacrificio por nosotros.

José

Con mucho, el más recto de todos sus hermanos, a José lo escogió Dios para rescatar a Israel de morir de hambre. Las dos lecciones siguientes cubrirán a fondo la vida de José.

Benjamín

Benjamín el segundo hijo de Raquel fue el último de los hijos de Jacob y su tribu fue la más pequeña de Israel. Sin embargo, Dios usó a Benjamín para un propósito muy especial. Cientos de años después de la muerte de Benjamín, uno de sus descendientes llamado Saúl, se convirtió en un fariseo entrenado por el eminente Gamaliel. Saúl era muy celoso de la ley Mosaica, pero trataba a los cristianos como miembros de una secta y los perseguía. Un día, Saúl se encontró con Jesucristo cara a cara y se convirtió en creyente. Dios cambió su nombre a Pablo y lo usó para escribir la mayor parte del Nuevo Testamento. Hoy en día se le conoce ampliamente como el Apóstol Pablo.

La muerte de Isaac

Poco después de la muerte de Raquel, Jacob finalmente regresó a su padre Isaac en la tierra de Mamre. *"Después vino Jacob a Isaac su padre a Mamre, a la ciudad de Arba, que es Hebrón, donde habitaron Abraham e Isaac".* (Génesis 35:27) Años antes, Isaac se había despedido de su hijo Jacob con palabras de bendición de parte de Dios. Ahora tenía la oportunidad de ver el cumplimiento de esas palabras. Su hijo quien había huido en la pobreza, había regresado ahora con riqueza y prosperidad.

"Y fueron los días de Isaac ciento ochenta años. Y exhaló Isaac el espíritu, y murió, y fue recogido a su pueblo, viejo y lleno de días; y lo sepultaron Esaú y Jacob sus hijos". (Génesis 35:28–29)

Conclusión

La vida de Jacob es una historia sorprendente que ilustra la gracia y la paciencia de Dios al conducir a un hombre quebrantado a cumplir un propósito más grande que cualquier cosa que pudiera haber imaginado. Jacob fue el tercero de los grandes patriarcas. Como sus padres Abraham e Isaac, Jacob fue un hombre que siguió a Dios por fe, un hombre en quien el mundo vio el poder y la provisión de Dios. A través de Jacob y de sus padres, Dios hizo grandes milagros y estableció para Sí una nación tal como lo prometió a Abraham. Los nombres de estos tres patriarcas se unieron para siempre al nombre de Dios, de tal manera que las generaciones lo conocieron como "el Dios de Abraham, Isaac y Jacob".

Ese mismo Dios todavía está vivo hoy y trabaja en los corazones de hombres y mujeres como lo hizo en el corazón de Jacob. A través de la descendencia de Jacob, la nación de Israel, Dios nos envió al Señor Jesucristo quien abrió el camino a la vida eterna a través de su muerte expiatoria en la cruz. Al igual que Jacob, somos receptores de una asombrosa promesa de Dios: *"Este es el pacto que haré con ellos Después de aquellos días, dice el Señor: Pondré mis leyes en sus corazones, Y en sus mentes las escribiré, añade: Y nunca más me acordaré de sus pecados y transgresiones".* (Hebreos 10:16–17) Como Jacob, habiendo recibido la promesa, debemos responder en fe creyendo en Aquél que la dio. Como Jesucristo anunció en Juan 5:24: *"De cierto, de cierto os digo: El que oye mi palabra, y cree al que me envió, tiene vida eterna; y no vendrá a condenación, mas ha pasado de muerte a vida".*

Antes de continuar con la siguiente lección, por favor responda todas las preguntas de la siguiente sección. Si lo prefiere, puede descargar un folleto imprimible y una guía de respuesta de nuestra página:

www.getbiblefirst.com/es/downloads

Q&A

1. Al final, ¿quién fue responsable de la pérdida de los rebaños de Labán y del aumento de la riqueza de Jacob? (Circule la respuesta correcta)

   ❑ Jacob

   ❑ Dios

   ❑ Los hijos de Labán

   ❑ Raquel

2. Complete la oración. Al enterarse de que se acercaban 400 de los hombres de Esaú, Jacob hizo lo que todos los hijos de Dios aprenden a hacer en tiempos de temor y problemas:

   _____ a _____ por liberación.

3. Llene los espacios en blanco. Dios puede destruir fácilmente a cualquier_____, suplir cualquier_____ y eliminar

cualquier_____. Puede ser que Su respuesta no sea _____, pero es fiel para liberar a los que lo esperan.

4. Llene los espacios en blanco. "Pero los que esperan a Jehová tendrán nuevas _____; levantarán_____ como las _____; correrán y_____ se _____; caminarán y_____ se _____". (Isaías 40:31)

5. ¿A qué conclusión llegó Jacob sobre la identidad del visitante de la medianoche con el que luchó? Que era _____ _____.

6. Complete la oración. En los numerosos pasajes del Antiguo Testamento que recuentan que Dios mismo se manifestó físicamente a los hombres, Dios es denominado específicamente como un _____ o el _____ del _____.

7. Llene el espacio en blanco. Se puede alterar el plan de acción de Dios; la petición de Sus hijos puede _____ a Dios de hacer algo _____ de lo que ya tenía planeado.

8. Complete el versículo. "...se postró [Jesús] sobre su rostro, orando y diciendo: Padre mío, si es posible, pase de mí esta copa; _____ no sea como yo _____ sino como _____". (Mateo 26:39)

9. ¿Qué actividad no es un ejercicio de introspección

religiosa, sino más bien una búsqueda audaz de convencer
Aquél cuyo poder puede satisfacer cada necesidad? La

_____

10. ¿Qué significa el nombre Israel?

_____ con _____

11. ¿Qué acto imprudente de favoritismo por parte de Jacob
resultó en animosidad entre sus hijos en años posteriores?
Cuando Jacob puso a _____ y a _____
en el lugar de menos _____.

12. Llene los espacios en blanco. Dios odia el
_____ y ha dejado claro que la _____
del _____es la _____.

13. Llene los espacios en blanco. Dios sabe que los hombres no
son aptos para vengarse de sus semejantes. Dios advierte
en Hebreos 10:30: "….Mía es la_____, yo daré
_____, dice el Señor".

14. ¿A quiénes afectan nuestros actos secretos de injusticia?
(Circule la respuesta correcta)
- ❑ Nosotros mismos solamente
- ❑ Todos los que nos rodean
- ❑ Dios
- ❑ Nuestra familia inmediata

15. Llene los espacios en blanco. "La _____
engrandece a la nación; mas el _____ es afrenta
de las naciones". (Proverbios 14:34)

16. ¿Qué ordenó Jacob a toda su familia que hiciera en preparación para su regreso a Betel?

    Quitar los _____ _____.

17. ¿A través de cuál tribu envió Dios finalmente a Su Hijo el Señor Jesús?

    La de _____

18. ¿Cuál gran Apóstol vino de la tribu de Benjamín?

    El apóstol _____

19. Complete la oración. Los nombres de los tres patriarcas se unieron para siempre al nombre mismo de Dios, de tal manera que las generaciones lo conocieron como El Dios de _____, _____ y _____.

20. Llene los espacios en blanco. Al igual que Jacob, somos receptores de una asombrosa _____ de _____ y como Jacob debemos responder en _____ creyendo en Aquél que la _____.

21. Llene los espacios en blanco. Juan 5:24: "De cierto, de cierto os digo: El que_____ mi _____, y _____ al que me envió, tiene _____ _____; y no vendrá a _____, mas ha pasado de _____ a _____".

www.ingramcontent.com/pod-product-compliance
Lightning Source LLC
Chambersburg PA
CBHW061733020426
42331CB00006B/1233